LA BRÚJULA INTERIOR

Álex Rovira Celma

La brújula interior

Conocerse a uno mismo es fuente de éxito duradero

EMPRESA ACTIVA

Argentina - Chile - Colombia - España
Estados Unidos - México - Uruguay - Venezuela

Aribau, 142, pral. - 08036 Barcelona
www.empresaactiva.com

ISBN: 84-95787-66-0
Depósito legal: B - 33.919 - 2004

Fotocomposición: Ediciones Urano, S. A.
Impreso por NOVOPRINT - C/ de la Técnica s/n
08740 Sant Andreu de la Barca (Barcelona)

Impreso en España - *Printed in Spain*

Para mis hijos, Laia y Pol, y para los niños en general, porque gracias a ellos podemos recuperar la memoria perdida de nuestros anhelos y la dirección de nuestras vidas.

«Cada segundo que vivimos es un momento nuevo
y único del universo,
un momento que jamás volverá...
¿Y qué es lo que enseñamos a nuestros hijos?
Pues les enseñamos que dos y dos son cuatro,
que París es la capital de Francia.
¿Cuándo les enseñaremos, además, lo que son?
A cada uno de ellos deberíamos decirle:
¿Sabes lo que eres? Eres una maravilla.
Eres único.
Nunca antes ha habido ningún otro niño como tú.
Con tus piernas, con tus brazos, con la habilidad de tus dedos,
con tu manera de moverte.
Quizá llegues a ser un Shakespeare, un Miguel Ángel,
un Beethoven.
Tienes todas las capacidades.
Sí, eres una maravilla.
Y cuando crezcas, ¿serás capaz de hacer daño a otro que sea, como tú, una maravilla?
Debes trabajar —como todos debemos trabajar—
para hacer el mundo digno de sus hijos.»

PAU CASALS

«Quédate hoy conmigo,
vive conmigo un día y una noche
y te mostraré el origen de todos los poemas.
Tendrás entonces todo cuanto hay de grande en la Tierra
y el Sol
y nada tomarás ya nunca de segunda ni de tercera mano,
ni mirarás por los ojos de los muertos,
ni te nutrirás con el espectro de los libros.
Tampoco contemplarás el mundo con mis ojos.
Ni tomarás las cosas de mis manos.
Aprenderás a escuchar en todas direcciones.
Y dejarás que la esencia del Universo se filtre por tu ser.»

WALT WHITMAN

Índice

Bienvenida

«El ideal terapéutico es curar en una sesión;
el ideal al escribir es curar en un libro.»

STEPHEN B. KARPMAN, M.D.

Este libro es el resultado de un camino, de un proceso que me llevó a tomar el lápiz y el papel como herramientas de autoterapia por el plazo de unos siete años.

En ese proceso fui anotando un conjunto de reflexiones que entre la primavera y el otoño de 2002 puse en orden y complementé con aquellos textos extraídos de libros, cuentos, películas e incluso canciones de los autores que más me han impactado a lo largo de mi vida. Por lo tanto, este libro fue escrito para mí: fueron y son cartas a mí mismo.

Contando con el enorme privilegio que supone ser editado y poder compartir estas cartas, no puedo ni quiero evitar expresarte cuál es mi deseo: que las palabras que vas a encontrar en adelante te inviten a pensar, a sentir, a hacer un alto en tu camino y encontrar, revisar o confirmar el rumbo de tu vida.

Este libro ha sido escrito para aquellos buscadores e insatisfechos inteligentes que día a día intensifican la luz del camino por el que andan. Para aquellos que, como el caballero de la armadura oxidada de la fábula, soltaron o están en camino de soltar el rígido caparazón de antiguas ideas y actitudes cristalizadas y están dispuestos a emprender un trabajo que les ayude a liberarse de miedos, prejuicios, ansiedades, *eso-que-tú-quieres-no-se-puede*, dudas y desaprobaciones interiores y exteriores.

Y, sobre todo, para aquellas personas que ansían dar dirección y sentido a su vida.

En su día, José Luis Sampedro dijo: «El arte de vivir es hacerse quien uno es. Yo, como todos, tengo el deber de ser lo que soy. Pero no soy nadie sin los demás». Hacernos nosotros mismos, sabiendo ser con los demás: probablemente en ello está el sentido último de la vida y el destino de toda buena Dirección.

Para ti, que intuyes que hay una manera diferente de vivir y que deseas encontrar la verdadera Dirección de tu vida.

Prólogo

La función clorofílica de los libros

Algunos libros nos ayudan a sentir, a respirar, a ser más y mejor quien uno aspira a ser. Algunos libros están destinados a ser nuestros amigos.

La brújula interior, de Álex Rovira, es una obra que ayuda a mostrar el camino que cada uno merece. Su ecosistema es clorofílico: limpia el aire a nuestro alrededor y lo hace más respirable.

Píndaro decía en su célebre máxima: «Llega a ser el que eres». Álex ha escrito un manual de instrucciones con su alma, como si hubiese recibido el encargo de Píndaro en persona, para ayudarnos a pensar y sentir mejor.

La verdad es que este libro contiene, como mínimo, dos enormes suertes: una, la de su propósito, su mensaje, su opción, que no es otra que la de ayudarnos a ser felices siendo buenas personas, siendo buenos profesionales, siendo buenos ciudadanos. Siendo, en lugar de creyendo ser.

La otra, menos visible, pero no por ello menor: la de descubrir a un tipo que acaba siendo tu amigo: Álex Rovira, un hombre joven cuya inteligencia y potencia se dan la mano con una ternura y una capacidad analítica inusuales. El libro y la persona van juntos, y muy de la mano, porque han ejercido un camino juntos. El libro se ha ido realizando en el interior de un hombre que, un día, sentado delante del ordenador, ha empezado a poner, palabra por palabra, todo cuanto forma parte de su creencia.

El resultado no puede ser más notable. Porque *La brújula interior* es un mapa para encontrar la salida a esos callejones cerrados en los que tantas personas se encuentran. Es una obra que logra la complicidad inmediata, escrita con el tono de lo cercano, estando siempre cerca de lo profundo.

Pasa fácil, y deja huella, porque es como su autor: potencia, esencia, ternura, entusiasmo y belleza. El alma de Álex resplandece en esta obra. Es un libro que puede leerse con poca luz externa porque ésta ya emerge de sus páginas.

El lector sale de la obra distinto, porque ya no tiene excusas para dejar de ser quien ha sido llamado a ser.

Jordi Nadal
jordi-nadal@telefonica.net

Carta 1

Una frase perversa: «Hay que ganarse la vida»

«Me ganaba la vida... pero no la vivía.»
Una de las frases más frecuentemente citadas por los enfermos terminales, según Elisabeth Kübler-Ross, la principal autoridad mundial sobre el acompañamiento a enfermos terminales.

«El hecho de que una opinión la comparta mucha gente no es prueba concluyente de que no sea completamente absurda.»

BERTRAND RUSSELL

Querido jefe:

Hace un buen rato que intento acabar el informe que me has pedido, pero no puedo concentrarme. Ya sabes que suelo responder con eficacia a tus indicaciones, pero algo en mi interior se niega hoy a seguir redactando fríos y descorazonados memorándums. Por contra, cuando me he puesto a escribirte esta carta, mi pulso se ha acelerado y mis dedos han empezado a danzar livianamente sobre el teclado del ordenador.

Seguro que te preguntarás por qué te escribo una carta en lugar de enviarte un e-mail o simplemente llamarte al móvil. No estoy seguro, pero creo que tiene que ver con la distancia y la ausencia de prisas. Dicho de otra manera, la carta me da la posibilidad de escribir pensando, de volver atrás y rectificar, de explicarme sin la incómoda sensación de que tengo que ser breve para no hacer perder el tiempo a mi interlocutor. Sin la premura de otros medios, en definitiva. Y lo que te quiero explicar, como verás, no admite prisas.

El caso es que hay una cosa que me tiene preocupado, a ratos estupefacto y a ratos cabreado, y que no me deja conciliar el sueño desde hace semanas. Es algo sencillo y fácil de entender, pero a la vez terriblemente profundo. Quizá te parezca banal a simple vista, pero tengo razones para pensar que es esencial para nuestro futuro como personas y como sociedad.

Te lo diré sin rodeos: la gente no es feliz. Por supuesto, es una generalización, pero más extendida de lo que muchos creen.

Desde hace algún tiempo, cuando pregunto a mis amigos y compañeros algo tan simple como «¿qué tal?», obtengo respuestas como éstas:

«Pse, tirando» (del carro, evidentemente, con lo que la identificación con un animal de tracción es obvia).

«Ya ves» (que en realidad quiere decir: «Decídelo tú, por que yo ni me veo»).

«Vamos haciendo» (en un gerundio sin fin). Fíjate, «vamos» y no «voy», porque en esta situación es mejor sentirse acompañado.

«Luchando» (como si la vida fuera una guerra).

«Pasando» (¿por el tubo?).

«No me puedo quejar» o su versión extendida «No nos podemos quejar», donde el que responde asume, en un alarde de masoquismo, que podría estar peor.

O el ya frecuente «jodido, pero contento», en el que se manifiesta que el estado natural de uno es estar jodido.

Son muy pocos los que contestan «¡bien!» y casos aisladísimos los que espetan un asertivo, sincero y convencido «¡muy bien!». Así que está claro que alguna cosa falla.

La realidad, la de hoy, la que percibo a mi alrededor, es que millones de personas van cada día a trabajar con tristeza y resignación, sin otra esperanza para salir de su desgraciada circunstancia que acertar en la lotería y llegar por un atajo a la felicidad.

Son muchos los que trabajan en oficios que no les realizan, que andan estresadísimos, que sienten profunda y tristemente que cobran menos de lo que valen y que, en definitiva, se sienten mercenarios de una hipoteca. Y dicen...

... «No puedo cambiar.»

... «Tengo una hipoteca a treinta años.»

... «Tengo una familia a la que sacar adelante.»

... «Soy un profesional con unos compromisos muy fuertes que debo mantener, ¿qué otra cosa podría hacer?»

Llevo tiempo dándole vueltas y creo que esta infelicidad tiene mucho que ver con una frasecita perversa que todos conocemos bien. Yo la he oído a lo largo de toda mi vida, desde que era un crío. Es una expresión que forma parte de nuestro lenguaje aceptado y compartido. Está en el centro de nuestra vida y, probablemente por eso mismo, nunca reflexionamos sobre sus implicaciones.

Tiene apariencia inofensiva, la muy puñetera, pero no hay que fiarse. Si la escuchas sin prestar mucha atención, dices: «Vale, ¿y qué?». Pero si te paras a pensarla, a rebuscar entre las palabras, sacas conclusiones escalofriantes.

Voy directo al grano. La frase en cuestión es corta, sólo tiene cinco palabras y es: «Hay que ganarse la vida».

¿Qué, cómo la ves? ¿Alguna reacción a bote pronto?

¿Te dice algo? ¿Se activa alguna alerta en tu mente?

Lo cierto es que a mí no me decía nada hasta que hace un par de semanas, en una reunión con unos clientes, se la oí decir resignadamente a uno de ellos. Entonces, de pronto, me vino a la cabeza el siguiente pensamiento:

DECIR QUE NOS TENEMOS QUE GANAR LA VIDA IMPLICA PARTIR DE LA PREMISA DE QUE LA VIDA ESTÁ PERDIDA.

Has leído bien, sí, ¡perdida! ¡Y esto es fuerte, muy fuerte! Y, sin embargo, todos o casi todos lo tenemos asumido como normal, como lo que toca, como lo que es, como lo que hay.

Y si asumimos la perversión de esta frase tan socialmente aceptada y muy escasamente pensada, lo mejor que podemos esperar de nuestra existencia, el mejor de los futuros imaginables, es recuperar algo que, en realidad, nos es consustancial. Para no vivir como muertos, nos pasaremos la vida intentando «ganárnosla». Con resignación y, según el carácter de cada uno, con un poso de mala leche en el fondo.

¡Y todo porque nos han hecho creer que la vida, aquello que está en el origen de la existencia, de la conciencia, de la felicidad, de la creatividad, del amor, de la intimidad, nos la tenemos que ir ganando! ¡Que cuando nacimos el tema estaba perdido!

Y desde pequeñitos nos lo tragamos, ¡zas!, sin rechistar, ¡directo al inconsciente!

Tenemos que hacer algo al respecto, jefe, y cuanto antes mejor, si queremos una vida feliz y que éste sea un mundo mejor. Y, de paso, si queremos conseguir que nuestra empresa prospere, porque seguro que no se te escapa que una cosa va ligada a la otra.

¿Cómo podemos cambiar esta manera de pensar...? Yo no soy psicólogo ni filósofo, pero tengo mis ideas, como cualquiera. Así que te propongo una cosa: demos un nuevo significado y una nueva forma de expresión a esta frase y logremos así que las personas establezcan un nuevo punto de partida, reasignen el valor de la vida en su cerebro y definan una nueva «posición existencial de partida», más sana y menos sometida y resignada.

¿Qué te parece? Mi propuesta es que abramos los ojos y nos olvidemos de esta frase, ya que...

... LA VIDA NO TIENE QUE SER GANADA PORQUE ESTÁ GANADA DESDE QUE NACEMOS.

Tú eres una persona razonable, por lo que confío en que sabrás entender estas inquietudes que te transmito. Es más, estoy seguro de que estos pensamientos han debido rondar ya por tu cabeza y has llegado a conclusiones que a mí se me escapan (por algo eres el jefe).

Así que espero con ansia tu respuesta a estas líneas.

Con un afectuoso abrazo,

Álex

P. D. Ya lo decía el sabio escritor estadounidense Henry David Thoreau... ¡en el siglo XIX!: «No hay nadie tan equivocado como aquel que pasa la mayor parte de su vida ganándose la vida».

Carta 2

Vivir cuesta muy poco, pero...

«Nadie necesita ayuda para tener problemas.»
Proverbio mahorí

Querido y ocupado jefe:

Han pasado ya bastantes días y no he recibido respuesta a mi anterior carta. Sé que estás muy ocupado con el tema de los presupuestos, que vas de reunión en reunión, pero me extraña que no te hayas dignado al menos a mandarme un acuse de recibo.

Tal vez necesitas más argumentos para darte cuenta de que realmente estamos ante una situación preocupante...

A ver qué te parecen éstos:

— La Organización Mundial de la Salud (OMS) ha hecho público recientemente el siguiente dato: la depresión es la primera causa de discapacidad en el mundo y es el origen del 27 por ciento de las discapacidades que se registran cada año.

— Se prevé un incremento de hasta un 50 por ciento en el número de personas que se verán afectadas por la depresión en los países occidentales en los próximos 25 años.

— Las urgencias psiquiátricas han aumentado entre un 10 y un 20 por ciento en todo el mundo en los últimos 10 años. La OMS alerta de que los trastornos mentales se convertirán en breve en el principal problema de los países desarrollados o en vías de desarrollo. Los trastornos más comunes atendidos en los servicios de urgencias de los hospitales son los emocionales, la angustia y, cómo no, la depresión. Las causas de este incremento están motivadas, según las fuentes oficiales, «por una ruptura en los hábitos sociales, donde predominan la soledad, la presión social y la angustia». Repito y desgloso:

La soledad.

La presión social.

Y la angustia.

Lee detenidamente los párrafos anteriores y verás que aparece una enorme paradoja, una contradicción tragicómica de gigantescas dimensiones: ¡estar desarrollado o en vías de desarrollo te lleva a la depresión, a la soledad y a la angustia, fruto de la presión social!

O sea: ¡ESTAR DESARROLLADO ES UN PROBLEMA!

Necesito oxígeno, aire...

Salgo a la ventana y grito:

¡Socorro! ¡Que alguien me ayude a comprender esto!

Y digo yo, humildemente, que tendremos que someter a revisión el concepto «desarrollo»... ¿o no? ¡Porque me niego a que mis hijos vivan en un mundo peor!

¡Me niego!

¿Por qué está ocurriendo esto? ¿Qué hacemos mal?

Porque está claro que alguna cosa hacemos mal, a menos que el objetivo sea que todos estemos deprimidos dentro de cien años, o que la norma, lo *normal* en la sociedad en la que vivan nuestros hijos, sea estar deprimido.

¿No crees, como yo, que nos estamos complicando la vida?

VIVIR CUESTA MUY POCO, PERO PODEMOS COMPLICARLO TANTO COMO QUERAMOS.

Coincidirás conmigo en que, en esencia, el acto de vivir es muy simple, especialmente si va acompañado de una sana conciencia, de capacidad para pensar y de libertad para decidir. Pero si nuestra mente, como te comentaba en mi carta anterior, se rige por la orden de «ganarse la vida», la cosa empieza a complicarse.

El conjunto de las experiencias relacionadas con el trabajo son vividas entonces como una dura competencia, muchas veces ligada a un esfuerzo en el que puedes realmente acabar dejándote la vida, bien porque ésta pasa y no te enteras de que has vivido, bien porque el corazón o el cuerpo te dicen: «¡Basta, me rindo, lo dejo aquí porque esto no hay quien lo aguante!» (ya sabes, lo que le pasó a Valdés, el jefe de ventas, hace un par de semanas: un colapso como una casa).

Espero, apreciado jefe, que esto no nos pase a nosotros.

Tuyo,

Álex

P. D. Dice Anthony de Mello: «Con la vida ocurre lo mismo que con los chistes: lo importante no es lo que duren, sino lo que hagan reír». Sería bueno que pensáramos en ello.

Carta 3

La gran paradoja: el eficaz profesional que anhela dirigir eficazmente su vida

«La vida es lo que hacemos de ella.»

Aforismo hindú

Apreciado aunque ausente jefe:

No sé todavía qué opinas de mis cartas. Al parecer, te absorbe totalmente el tema de los presupuestos, hasta el punto de que aprecio una crispación en el ambiente que no augura nada bueno. Pero voy a seguir enviándotelas. Confío en que tarde o temprano te dignes darme tu opinión sobre las reflexiones que te estoy transmitiendo. Y que me ayudes a encontrar soluciones a los problemas que te planteo.

Voy a explicarte ahora otra observación que me inquieta. Como ya sabes, en la relación con los clientes de nuestra empresa a veces llegamos a establecer diálogos que van más allá del discurso centrado en el negocio, en la estrategia, en el marketing, y que entran en el terreno de lo personal, de lo íntimo. Especialmente cuando las jornadas de trabajo son largas y arduas, se genera un sentimiento de complicidad que abre la puerta a la confianza y al intercambio desde el centro, desde el fondo de lo que uno es.

Cuando nos situamos en este nivel de intercambio aparece lo más esencial de la persona, aquello que la define, lo más genuino, los sentimientos más sinceros, lo que nos lleva a sentirnos muy cerca unos de otros, más allá de las diferencias formales.

Y entonces observo muy a menudo una gran contradicción: los términos oportunidad, objetivos, meta, investigación, análisis, estrategia y muchos otros forman parte del día a día, de las habilidades integradas, de la jerga del trabajo habitual, pero estos mismos términos no son utilizados para la definición de un proyecto propio de vida.

La mayoría de estos profesionales son inteligentes, muy trabajadores y grandes gestores de recursos, pero tienen dificultades para gestionar su recurso más valioso: su propia vida.

Es como si invirtieran toda su energía física y mental en aspectos que no son vividos directamente como propios y así, mediante este sacrificio, «pagasen» por la seguridad de tener un puesto de trabajo bien remunerado.

Un trabajo que, a veces, se convierte en una esclavitud dentro de una jaula de oro. Porque hay muchísimos profesionales que pagan un precio excesivamente alto por su salario. Creo que esta afirmación es tan relevante que me permito insistir, desglosar y repetir:

Hay muchos excelentes profesionales que...

... pagan...

... un precio excesivamente alto...

... por su salario.

¡Qué gran paradoja!

Pagan un precio en estrés, esfuerzo, dedicación, renuncia a la vida familiar, renuncia al tiempo libre, renuncia al cuidado físico y emocional de sí mismos, etc., muy superior al valor del dinero que se les ingresa en el banco al final de cada mes.

La gran mayoría de estos profesionales estableció como principal valor la seguridad de un buen puesto de trabajo, bien remunerado, y con el tiempo fue olvidando aquello que le hacía sentirse vivo, aquello que daba sentido a su vida, aquello que le llenaba, que le hacía feliz.

Quizá buscar aquel puesto de trabajo que daba dinero y una posición respetada y eventualmente admirada terminó tapando o posponiendo el descubrimiento personal más apasionante que uno puede realizar en esta vida: «¿Qué es realmente lo que me gusta, qué me apasiona?». Y, sobre todo: «¿Cómo puedo combinar mis talentos y experiencia con mi pasión?».

De alguna manera, a menudo se juega a una especie de escondite con uno mismo al que se llega por el siguiente pacto interior: «Okey, ahora voy a trabajar duro para ganar pasta, y luego, cuando la tenga, podré hacer lo que realmente me gusta».

Esta frase presenta varias trampas sutilmente ocultas que a medida que pasa el tiempo resultan cada vez más difíciles y dolorosas de destapar.

Tengo una libreta en la que he ido anotando cientos de frases dichas por proveedores y clientes de muchos lugares, todos ellos buenos conocidos e incluso amigos, que parten de una premisa que se puede resumir así: «La vida hay que ganarla. Luego, la vida hay que complicarla. En el fondo de la vida hay una gran amenaza de pérdida. Frente a esa amenaza, es más fácil elegir una opción "segura", aunque se sacrifique una vocación en la que se podrían manifestar las habilidades únicas que tiene cada persona».

Aquí tienes una pequeña selección de esas frases, que, insisto, son absolutamente reales:

— «A mí lo que me encanta es la medicina natural, pero ya ves, estoy programando el lanzamiento de nuevas bebidas con sabores exóticos».

— «Yo quería ser empresaria... Montar comercios, *boutiques* de moda para la mujer. Pero en aquel momento lo tenía fácil para entrar en la Administración y ahora soy funcionaria... Es un empleo seguro, un seguro de vida.»

— «Lo mío siempre han sido los animales: los caballos y los perros, concretamente. Pero en casa estaba mal visto ser veterinario, así que estudié derecho, como mis hermanos mayores, mi padre, mi tío y mi abuelo.»

— «Mi vocación era ser psicóloga, pero como en casa me dijeron que no me ganaría la vida, decidí hacer empresariales. Y acabé aquí, vendiendo seguros.»

— «Yo me siento vivo y apasionado cuando pinto cuadros. Quienes los ven, me animan mucho a que haga mi primera exposición, pero evidentemente con eso no puedo ganarme la vida.»

— «Ahora necesito mucho dinero al mes para hacer frente a mis "compromisos", y aunque estoy quemado, ¿qué quieres que haga, que lo mande todo a freír espárragos? ¿Y la hipoteca? ¿Y el colegio privado de mis hijos?»

— «La vida está ahí afuera (señalando una ventana), pero ¿quién se arriesga? En realidad, siempre me hubiese gustado tener mi propia empresa y hacer algo relacionado con el mundo del *marketing*, pero creo que ya es demasiado tarde.» (¡El que lo dice tiene 35 años!)

— «Mira, te voy a decir algo muy íntimo. Yo he sido un empresario que ha ganado mucho dinero, con mucho prestigio. Hoy ya tengo 72 años, y ¿sabes una cosa? Me arrepiento de no haberme arriesgado tratando de cumplir mi sueño, y sobre todo lamento profundamente no haber vivido a mis hijos.»

¡Basta ya!

Basta ya de ocultarnos, de no hacer las paces con nosotros mismos, de no salir al encuentro de nuestra propia verdad, de vivir un masoquismo fruto de una falsa seguridad, de no reencontrarnos en aquella posición en la que todo cobra sentido y en la que cada día empieza como si fuera una fiesta.

¡BASTA YA DE JUGAR AL ESCONDITE DURANTE TODA LA VIDA CON NUESTRO VERDADERO YO!

Porque afirmo que una vida con sentido no aparecerá jamás detrás de la seguridad de un empleo no deseado, sino con la vinculación de nuestras capacidades y pasiones con nuestro quehacer cotidiano, esto es, cuando vocación y pasión coincidan. Porque es entonces y sólo entonces cuando la palabra trabajo se eleva y deviene creación.

Y para argumentar e ilustrar lo que digo te citaré, apreciado jefe, un par de rigurosas investigaciones:

1. El doctor Lair Ribeiro nos dice en *El éxito no llega por casualidad*, página 97: «En 1953, en un estudio realizado por la Universidad de Harvard, se entrevistó a todos los estudiantes de dicha universidad. Entre las diversas preguntas que se les hicieron, una trataba sobre sus metas en la vida: qué querían conseguir en el futuro. (...) Sólo un 3 por ciento de los alumnos escribió lo que pensaba hacer en su vida. Veinte años después se les entrevistó de nuevo a todos. Por sorprendente que parezca, aquel 3 por ciento de los alumnos que había establecido sus metas por escrito valía económicamente más que el 97 por ciento restante. Y no sólo eso, sino que estaban más sanos, alegres y satisfechos y tenían mejor disposición ante la vida que el resto de los ex alumnos entrevistados».

2. El doctor Mark Albion relata en su excelente libro *Vivir y ganarse la vida*, página 37: «Una investigación sobre graduados en escuelas de negocios realizó un seguimiento de las carreras profesionales de 1.500 personas desde 1960 hasta 1980. Los graduados se agrupaban en dos categorías distintas desde buen principio. La categoría A incluía a aquellos que afirmaban que debían ganar dinero en primer lugar para luego poder hacer lo que realmente deseaban hacer (una vez hubieran solucionado sus problemas económicos). La categoría B agrupaba a aquellos que buscaban en primer lugar conseguir sus propios intereses, seguros de que el dinero acabaría llegando. ¿Cuáles eran los porcentajes de cada categoría? De los 1.500 graduados incluidos en el estudio, un 83 por ciento (1.245 personas) caía dentro de la categoría A, es decir, la de las personas que querían el dinero ya. La categoría B, la de los más arriesgados, reunía un 17 por

ciento de los graduados (255 personas). Después de 20 años, había 101 millonarios en la totalidad del grupo. Uno de ellos estaba en la categoría A, 100 en la categoría B».

¿Necesitas más pruebas? ¿Lo ves? Y no digo que la finalidad sea hacerse millonario, entiéndeme, sino que uno no puede pretender primero ganar dinero y luego ser feliz, aplazando y escondiendo sus verdaderos anhelos y talentos a la espera de un «futuro mejor».

¿Por qué hasta ahora en las universidades no se ha empezado a hablar de esto? ¿Por qué no empezamos a hablar claro de una vez por todas?

¿Por qué no empezamos a abandonar falsas seguridades y a mostrarnos realmente como somos?

¡¿Quién se está ocupando de meternos miedos?!

¡Por favor, respóndeme!

Álex

P. D. «*La mente es como un paracaídas: no sirve de nada si no se abre*», leí en cierta ocasión en un *graffiti* en Nueva York.

Quizás ya sea hora de empezar a abrir nuestra mente y, sobre todo, nuestro corazón hacia nosotros mismos, hacia nuestras habilidades singulares y naturales que nos brindan la posibilidad de vivir una vida apasionada y relacionada con aquello que realmente nos hace sentir felices, haciendo felices a los demás.

Carta 4

¡Es urgente que sea urgente!

«La semana que viene no puedo ni ponerme enfermo ni tener una crisis: tengo ya la agenda a tope.»

Profesional anónimo estresado y cabreado

Querido y muy estresado jefe:

Acabo de verte pasar como una exhalación camino del despacho del director general. Hace días que ni siquiera coincidimos frente a la máquina del café. Estás pero no estás. Me miras pero no me ves. Apenas me saludas y mucho menos me hablas. No me ha llegado, ni de palabra ni por escrito, ni un solo comentario tuyo sobre mis cartas. Parece como si no las hubieras leído...

Mientras espero tu ayuda sigo dándole vueltas al porqué de nuestra insatisfacción, de nuestra infelicidad. Y cada vez tengo más claro que gran parte de la responsabilidad la tiene una palabra que oímos últimamente hasta la saciedad: urgente. O, mejor dicho, el uso que le damos a esta palabra en el entorno laboral.

Seguro que las siguientes frases, o algunas parecidas, te resultarán muy familiares:

— «Tienes una llamada urgente.»

— «La propuesta se tiene que mandar urgentemente.»

— «La reunión se adelanta: es urgente.»

— «Contéstame a este e-mail en cuanto lo leas. Es urgente.»

Y el colmo de los colmos:

— «¡Es urgente que sea urgente!».

(Lo juro: se lo oí decir en una ocasión a una encantadora secretaria, desquiciada por un jefe déspota que necesitaba estar permanentemente excitado.)

Pero ¿qué nos pasa?

¿Es que acaso nos invaden los extraterrestres?

¿Viene un meteorito directo a estrellarse contra la Tierra?

Demasiado *Independence Day* y demasiado *Armaggeddon*, demasiado Wall Street y demasiada Nueva Economía. ¡Nos los hemos tragado, igual que nos tragamos en su día que nos tenemos que ganar la vida!

A veces pienso que hay quien está convencido de que hoy, para ser competitivo, en lugar de ser competente hay que ser «urgente».

Porque, etimológicamente, urgir y apretar son una misma cosa, y vamos casi todos muy apretaditos y muy quemaditos en muchos sentidos... ¿o no?

Y así vamos...

— Corre que te corre.

— Con prisas y más prisas.

— Tirando millas.

— Pitando.

— Agobiados.

— Con apretones de dientes y esfínteres...

En el delicioso libro *Martes con mi viejo profesor*, su protagonista, Morrie Schwartz, el viejo profesor sabio y moribundo, le dice lo siguiente a su amado y antiguo alumno: «Una parte del problema (...) es la prisa que tiene todo el mundo. Las personas no han encontrado sentido en sus vidas, por eso corren constantemente buscándolo. Piensan en el próximo coche, en la próxima casa, en el próximo trabajo. Y después descubren que esas cosas también están vacías, y siguen corriendo».

Se puede decir más alto, pero no más claro.

Y la pregunta es: esta presión social, ¿dónde nace?

¿No será que la presión nos la ponemos encima nosotros mismos?

¿No será que la presión aparece como resultado de no hacernos valer, de no poner límites, de no poner sentido común, de no escucharnos, de no sentarnos a hablar, a dialogar con los demás?

¿No será que la presión aparece cuando nos ponemos a hacer algo en lo que realmente no creemos pero que debemos hacer para disponer de recursos que financien nuestro día a día y nuestros «compromisos»?

¿NO SERÁ QUE LA PRESIÓN, Y SU PRIMA HERMANA LA DEPRESIÓN, NACEN, EN DEFINITIVA, DEL MIEDO?

Espero tu respuesta.

Álex

P. D. «La vida no vivida es una enfermedad de la que se puede morir» dijo Carl Gustav Jung... A menudo vivimos en la urgencia para llenar el vacío que provoca nuestra avidez. Ello nos desconecta de nosotros mismos, de nuestra esencia, de nuestra vida. El sentimiento de urgencia permanente desaparece cuando nos damos cuenta de que con nosotros mismos nos basta.

Carta 5

¿Qué harías si no tuvieras miedo?

«Es duro vivir con miedo, ¿verdad? En eso consiste ser esclavo.»
De la película *Blade Runner*, dirigida por Ridley Scott

Querido y tal vez asustado jefe:

Me ronda por la cabeza una sospecha. Quizá no tenga razón de ser, pero no puedo evitar manifestártela: no respondes a mis cartas porque estás asustado, porque tienes miedo.

Miedo a descubrir que tú tampoco eres feliz.

Miedo a darte cuenta de que no te escuchas.

Miedo a mostrar tus debilidades.

Miedo a enfrentarte a tus verdaderos deseos.

Miedo a dejar de tener miedo.

Si esto es cierto, tengo que decirte que no eres el único. Todos, cuando nos enfrentamos a un cambio importante en nuestras vidas, tenemos miedo. Pero hay que enfrentarse a ese miedo para cambiar. No hay vuelta de hoja.

Porque el miedo es nuestro mayor freno. Cada vez tengo más claro que una gran cantidad de depresiones nacen de nuestro propio miedo. Dejando de lado los golpes duros, a veces durísimos, que trae la vida, como la muerte de un ser amado, un accidente de graves consecuencias o una grave enfermedad, creo que el resto de las depresiones nacen del miedo, del miedo inconsciente que nos lleva a pensar que no somos libres, que no podemos decidir, que no podemos vivir nuestra vida...

El freno nos lo ponemos nosotros mismos, aunque muchas veces nos es más cómodo culpar a otros, pues esto nos permite seguir jugando al escondite con nuestra realidad interior. En realidad, yo lo acerco y lo alejo todo de mí. Yo puedo ser mi mayor acelerador y mi mayor freno.

La cuestión es que...

... SI NO TE DAS CUENTA, TU PEOR ENEMIGO PUEDES SER TÚ, ES DECIR, TUS MIEDOS.

— Sin darte cuenta, el miedo te roba oportunidades.
— No te deja ver la realidad como es.
— Hace que te sientas muchísimo menos de lo que realmente eres.
— Hace que creas que tienes muchísimas menos opciones (infinitas, en todo el sentido del término) de las que realmente tienes.
— Te lleva a adoptar una posición existencial empobrecida, descontada y banalizada frente a otras en las que podrías vivir con prosperidad.

En definitiva, tus miedos son un conjunto de amenazas que tú pones y que te impiden ser, de verdad, competente. Que etimológicamente quiere decir ser «adecuado», que a su vez significa «apto». O sea, que el miedo te convierte en «no apto» para tu propia vida.

Querido jefe, ¿no crees que ha llegado la hora de dejarnos de miedos? ¿Has pensado en lo que harías si no tuvieras miedo?

Confiadamente tuyo,

Álex

P. D. El miedo desaparece con el conocimiento, con el autoconocimiento, cuando nos redefinimos fruto de ese conocernos, cuando nos libramos de las pesadas cargas de los prejuicios sobre los demás y, especialmente, sobre nosotros mismos.

Mi amigo Carlos Nessi dice en su cuento *La señora Gaba*: «Nunca tengas miedo... ¡a nada! Nunca te dejes llevar por los engaños y la tentación de los sufrimientos. Tu vida está en tu interior. Lo que des de ti, se transformará en tu riqueza».

Este mensaje creo que oculta un verdadero tesoro para quien lo sepa descifrar, por lo que vale la pena volverlo a escribir: «Lo que des de ti, se transformará en tu riqueza».

Carta 6

¿Escasez y frustración? ¡No!

«En la Tierra hay suficiente para satisfacer las necesidades de todos, pero no tanto como para satisfacer la avaricia de algunos.»

MAHATMA GANDHI

Querido jefe:

Releo mis cartas anteriores y me doy cuenta de una cosa: la principal idea que contienen es que la mayoría de nuestros males actuales, de nuestras insatisfacciones, vienen de las ideas que nos han inculcado, que hemos aceptado como incuestionables y que nos han llevado a una forma de vivir insatisfactoria, de la que no sabemos cómo salir. O de la que tenemos miedo a salir.

Te pondré otro ejemplo muy claro de los condicionantes externos que nos limitan.

En las escuelas de Economía de todo el mundo, una de las primeras frases con las que se inicia a los jóvenes estudiantes, convertida ya en un clásico de manual, es la siguiente: «El mundo está constituido por bienes escasos y por necesidades insatisfechas». Lo cual, dicho de una manera más cortita y de estar por casa, queda en: «El mundo es escasez y frustración».

¡Y partiendo de esta afirmación se han construido históricamente las bases doctrinales de la Economía que se imparte en las universidades de todo el mundo...!

Y lo que es tan grave o más: ¡todos los licenciados en Economía, Empresariales o cualquiera de las ramas de conocimiento que posteriormente nutren el mercado laboral de directivos y empresarios, cuando tenían entre dieciocho y veintitrés años tuvieron que empollar y tragarse esta afirmación para superar uno o más exámenes de su carrera!

¡Porque la economía clásica se ha basado en el principio de la restricción y de la frustración del personal que habita este hermoso planeta!

Ante tanta premisa perversa (repito: mundo = escasez y frustración; vida = tiene que ganarse) es tristemente «lógico» que se llegue a las siguientes conclusiones:

— El otro (a cualquier nivel, desde una persona vecina hasta un país vecino) = un peligroso y egoísta competidor que nos amenaza.

— Existencia = un tránsito duro por un mundo frustrante y peligroso en espera de llegar algún día a vivir de verdad.

¿Te has fijado?

Lo curioso es que quizá todos queremos otra cosa, quizá queremos redefinir el significado desde su contrario, esto es:

MUNDO = ABUNDANCIA Y SATISFACCIÓN. EL OTRO = ALGUIEN CON EL QUE COMPARTIR.

No digo que sea fácil, pero tampoco es imposible. Ya existen personas que viven según estas definiciones y que partiendo de ellas están construyendo proyectos personales sanos, solidarios, creativos, positivos para la comunidad. Afortunadamente, hay quienes nos demuestran que esto es posible en el ámbito de iniciativas personales, ONGs e incluso algunas grandes empresas.

¿Será porque estas personas han conseguido dar un significado distinto a sí mismas, a la vida, al mundo y a los demás?

Probablemente, se han dado cuenta de que hay materias primas y fuentes de energía que no son recursos escasos. Me refiero al amor, a la solidaridad, a la generosidad, a la cooperación, a la confianza. El ser humano puede producir tanta cantidad de esas materias primas y fuentes de energía como voluntaria y conscientemente desee.

Espero con anhelo tu respuesta.

Afectuosamente,

Álex

P. D. Así van las cosas hoy... y seguirán yendo así hasta que empecemos a pensar de otra manera. Ya lo dijo el gran maestro del *management,* Peter Drucker: «Todas las dimensiones de lo que supone ser un "ser humano" y ser tratado como tal no han sido incorporadas al cálculo económico del capitalismo».

Carta 7

Una hipótesis razonable: te oyes pero no te escuchas

«“¿Por qué hemos de escuchar al corazón?”—preguntó el muchacho. “Porque donde él esté, estará tu tesoro”.»

PAULO COELHO, *El Alquimista.*

«Vosotros, los blancos, siempre estáis haciendo preguntas. Nunca os limitáis a observar y escuchar. Suele ser posible aprender todo lo que realmente importa saber sólo observando y escuchando.»

Anciano indio norteamericano.

Apreciado (a pesar de tus silencios) jefe:

Sospecho que tú también has caído en la trampa de querer «ganarte la vida» y andas demasiado ocupado en eso como para prestarme atención. Creo que lo urgente te está ocultando lo importante.

De momento, tu silencio me ha servido para buscar en mi interior. Y es ahí donde me estoy encontrando, en un medio que hasta ahora me resultaba inhóspito: mi silencio.

En una ocasión, un buen amigo me contó que cierta tribu africana tiene un dicho, genial por lo simple y por lo real de su significado, que dice así: «Gran silencio: mucho ruido».

El silencio interior es inquietante al principio, porque de repente te das cuenta de que es falso: en realidad contiene mucho ruido, demasiado ruido, una especie de gran manifestación exaltada, un exceso de voces, de diálogos, de imágenes que vienen y van sin parar, dudas, preguntas, contradicciones... Escuchas cosas como, por ejemplo:

— «Quiero vivir más relajadamente, pero ¿quién se va a encargar de traer el dinero a casa?».

— «Deseo tener más dinero para poder darme más placeres, pero eso implicaría trabajar más, tener menos tiempo libre, y entonces, ¿de qué me serviría ese dinero de más?»

Y detrás de todo ese ruido aparece una vocecita, una especie de Pepito Grillo, alguien que susurra levemente, esperando una oportunidad para ser escuchado, demandando un espacio para manifestarse. Para vencer al ruido tienes que llegar hasta ese Pepito Grillo, plantarte frente a él y dialogar.

Dicho de otra forma: para dirigir tu propia vida, para llevar tu propia empresa personal hacia donde realmente quieres, el primer paso es empezar a escucharte, a tenerte en cuenta, a investigar para saber qué es lo que realmente quieres.

EL PRIMER INSTRUMENTO PARA MI DIAGNÓSTICO
VA A SER LA AUTOESCUCHA.

La gran dificultad de averiguar lo que quiero hacer de mi vida, contrariamente a lo que se pueda creer, no está en saber lo que quiero ser cuando «sea mayor», sino cómo quiero vivir y cómo quiero estar aquí y ahora.

Escucharme íntimamente me permite reconocerme. Fíjate bien: re-conocerme, es decir, volver a conocerme. Y es que la dinámica de una vida muy ajetreada mantenida a lo largo de mucho tiempo hace que nos vayamos convirtiendo en auténticos extraños para nosotros mismos.

Decía Carl Rogers que «el niño que se sabe escuchado crece seguro de sí, mientras que el que no es escuchado deja un gran espacio para el deseo del otro, que va cubriendo, tapando, desplazando y ahogando progresivamente su propio deseo». Es decir, el niño, en su necesidad de ser aceptado, querido, acariciado, desplaza su propia necesidad de realización. Hasta que la persona, niño o adulto, entra en crisis.

Quizá te sorprenda, querido jefe, pero llevo años leyendo interesantísimos libros sobre psicología que me han ayudado mucho. En uno de ellos, Eric Berne, creador de una teoría de la personalidad conocida como Análisis Transaccional, dice que «el problema aparece cuando el niño interior queda completamente eclipsado y ahogado, y acaba por no saber cuál es su verdadero deseo, acatando y haciendo suyo el que en realidad es el deseo del otro».

Decía el también sabio psicólogo y maestro espiritual Antonio Blay que «es mucho más eficaz educar a un niño que arreglar a un adulto». Los psicoterapeutas conocen perfectamente este principio: el cambio profundo y duradero en la persona adulta sólo es posible cuando se produce esta toma de contacto con el niño interior y cuando se empiezan a redefinir significados sobre uno, sobre los demás y sobre la vida desde este niño interior.

Lo malo es que a menudo empezamos a escucharnos cuando ya no queda más remedio, cuando nos sentimos tan mal que incluso nuestro cuerpo empieza a hablar a gritos, a enfermar, a entristecerse...

Por tanto,

EMPEZARÉ CUANTO ANTES A ESCUCHARME
Y A SER TESTIGO DE MI SER INTERIOR.

Al principio, escuchar resulta muy difícil porque el proceso de escucha activa implica una apertura, un espacio a la vulnerabilidad, y ello evidentemente genera miedo. Pero consuela saber que sabios y genios de todas las épocas han pasado por ese proceso cuando trataban de encontrarse a sí mismos y ponerse en contacto con una fuente inagotable de creatividad:

Lao Tsé: «El silencio es el sonido más fuerte que existe».

Beethoven: «En el silencio esperan todas las melodías imaginables».

Tagore: «El hombre busca la multitud para ahogar el clamor de su propio silencio».

A partir de ahora me daré (no me prestaré, me DARÉ) más atención: me observaré como si fuese testigo de mi ser interior. Llevaré además una libreta pequeña siempre conmigo, o una pequeña grabadora, y apuntaré todo deseo, fantasía e idea que surjan en mi cabeza en el momento más inesperado y cuya realización me haga sentir más feliz.

Las mejores ideas aparecen de repente, sin previo aviso. Son burbujas que salen de nuestro centro, del fondo del alma, de aquello que sigue siendo plenamente genuino y no condicionado en nosotros, y para que mantengan su valor original lo mejor es anotarlas en caliente: son los mensajes del niño interior.

Escucharme me va a servir no sólo para comprenderme mejor, sino también para comprender y aceptar a las personas que me acompañan en el viaje de la vida. El mundo está lleno de personas apasionantes, empezando por mí. Para descubrirlas lo único que necesito es tiempo y actitud para escucharlas. Como dice Michael P. Nichols, «ser escuchado define claramente la diferencia entre sentirse aceptado y sentirse aislado».

Sucede que a menudo hablamos más de lo que escuchamos. Y eso me recuerda un fragmento de *El caballero de la armadura oxidada*: «Se sentó en el suelo y continuó pensando. Al poco rato, le vino el pensamiento de que toda su vida había perdido el tiempo hablando de lo que había hecho y de lo que iba a hacer... Se dio cuenta de que durante la mayor parte de su vida no había escuchado realmente a nadie ni a nada».

Apreciado jefe, estoy descubriendo que puedo encontrar las respuestas por mí mismo, y que tu silencio me brinda la oportunidad de escucharme y reconocerme.

Sólo por ello te doy las gracias. Muy sinceramente,

Álex

P. D. La diferencia entre oír y escuchar puede marcar, incluso en un acto en apariencia intrascendente, una enorme diferencia en el resultado final. Fíjate en esta breve fábula:

El herrero del pueblo contrató a un aprendiz dispuesto a trabajar duro por poco dinero. El muchacho era joven, alto y muy fuerte, aunque un poco despistado. Era obediente y hacía las tareas que le encomendaban, pero se equivocaba a menudo y tenía que repetirlas porque prestaba muy poca atención a las instrucciones que el herrero le daba.

Al herrero esto le molestaba un poco, pero pensaba: «Lo que yo quiero no es que me escuche cuando le doy una explicación, sino que acabe haciendo el trabajo y que me cueste muy poco dinero».

Un día, el herrero dijo al muchacho: «Cuando yo saque la pieza del fuego, la pondré sobre el yunque; y cuando te haga una señal con la cabeza, golpéala con todas tus fuerzas con el martillo».

El muchacho se limitó a hacer exactamente lo que había entendido, lo que creía que el herrero le había dicho. Y ese día el pueblo se quedó sin herrero, muerto por accidente a causa de un espectacular martillazo en la cabeza...

Ya ves, jefe, el muchacho oyó la instrucción y la interpretó. Es decir, oyó al herrero, pero no le escuchó.

Luego vale la pena estar atento y saber escuchar, a nosotros mismos y a los demás.

Carta 8

El inconsciente y la imaginación: dos amantes apasionados y fieles

«Cuando no se tiene imaginación, morir es poca cosa.
Cuando se tiene, morir es demasiado.»

LOUIS-FERDINAND CÉLINE, *Viaje al final de la noche*

Apreciado e invisible jefe:

He observado que desde hace días no apareces por la empresa. Me han explicado que estás en casa con gripe. Quizás ahora, postrado en la cama o en el sofá, encontrarás tiempo para leer.

Al hilo de lo que te explicaba en mis anteriores cartas, se me ocurre una pregunta importante: ¿qué es lo que hace que a veces nos cueste tanto generar un cambio, desde dejar de fumar hasta dejar un trabajo que no nos realiza y en el que nos sentimos mal? Porque insisto en que, si aspiramos a mejorar nuestra vida, debemos no sólo escucharnos, sino plantearnos un cambio...

Según mis lecturas sobre psicología, la explicación hay que buscarla en el inconsciente. Seguro que has oído cientos de veces esta palabra, pero ¿sabes realmente qué es y cómo funciona el inconsciente?

Te diré lo que explican los manuales. El inconsciente es tu gran almacén de ideas, impulsos, temores. Es tu parte más perseverante: actúa con absoluta fidelidad, siguiendo el programa de lo que Él ha interpretado que es tu deseo. Su característica principal es que tiende por todos los medios a satisfacer las consignas que le son dadas, sin plantearlas, sin ponerlas en duda. En cierto modo, su funcionamiento es simplísimo, puramente mecánico, como el *software* de un ordenador.

Las creencias incorporadas como verdades por el inconsciente en tu infancia, hasta los cuatro años, tienden a perpetuarse a menos que las veas y decidas revisarlas conscientemente. Son resultado de una sugestión, de la aceptación de un hecho dramático como verdad irrebatible, porque en ese momento eras demasiado pequeño para poner ese mensaje en tela de juicio y rechazarlo o redefinirlo.

— Si te dijeron que triunfarías y eso fue aceptado por tu inconsciente... quedaste programado para ello.

— Si te dijeron que fracasarías y eso fue aceptado por tu inconsciente... quedaste programado para ello.

El inconsciente busca dar salida directa, respuesta directa a estas verdades aceptadas aunque vayan en contra de tu deseo consciente de hoy. Además, el inconsciente no conoce descanso, trabaja de día conduciendo tus percepciones e interpretaciones, y de noche a través de los sueños.

Tu parte consciente sólo está activa cuando realmente estás en actitud lúcida, crítica, muy despierto... lo cual se da con mucha menor frecuencia.

Como ves, el inconsciente es mucho más poderoso que el consciente simplemente por su poder de perseverancia, de actuación ininterrumpida, de actividad constante sin cansancio ni desgaste. Y porque contiene un volumen de información y conocimiento fabuloso, inimaginable: todo lo que has vivido está registrado en él, absolutamente todo.

Por lo tanto, si queremos realmente cambiar nuestra vida, tenemos que revisar y reprogramar nuestro inconsciente de modo que queden neutralizados los condicionamientos que hoy actúan de una manera limitadora y que dificultan la realización de nuestros deseos.

Y es ahí, en esa revisión de condicionamientos, donde entra la gran herramienta de transformación, la imaginación.

EL INCONSCIENTE Y LA IMAGINACIÓN SON AMANTES APASIONADOS Y FIELES.

La imaginación, mi imaginación, es la herramienta de la que dispongo para reeducar a mi inconsciente. Comprender este hecho en profundidad tiene unas implicaciones totales para la redefinición de la vida.

Con el lenguaje de la imaginación se llega al inconsciente. Porque el inconsciente se cierra en banda al lenguaje de las imposiciones y las órdenes, de los castigos y el despotismo, incluso al lenguaje de la imposición por la voluntad. El inconsciente no admite en el proceso de reeducación y de cambio el «¡tienes que...!» o el «¡debes...!».

Su lenguaje es suave y amable, es el lenguaje del corazón, el lenguaje de los niños muy pequeños. Hablando este lenguaje es posible llegar hasta él y redefinir los significados que hoy nos condicionan.

Si consigo vincular mi consciente con mi inconsciente conseguiré tener a mi servicio al aliado más poderoso que pueda imaginar, porque el segundo se pondrá al servicio del primero.

Voy, por tanto, a comunicar con mi inconsciente para iniciar un proceso de toma de conciencia y de redefinición de significados.

Esta redefinición requiere constancia y perseverancia, ya que el inconsciente necesita mucha repetición para que los nuevos condicionamientos lleguen al nivel de profundidad suficiente y reemplacen a los condicionamientos previamente establecidos.

No se trata, como en la película *The Matrix*, de tomarse una pastilla y pasar a otra realidad, sino de combinar la imaginación positiva con la autoescucha en un proceso que requiere tiempo, pero cuyo resultado merece totalmente la *pena*... o mejor, merece una vida.

Así que voy a empezar a imaginar cómo quiero que se realicen mis deseos y de este modo le daré un mensaje a mi inconsciente para que empiece a ver la vida de manera distinta y para detectar las oportunidades que están en línea con mi deseo.

Cualquier creación en la realidad ha sido previamente elaborada en el taller de la mente, de la imaginación. Este proceso podría calificarse de mágico en la medida en que, cuando empiezas a vivir de esta manera, la creatividad se expande y la vida empieza a mostrarse como un espacio con infinitas posibilidades de creación y desarrollo.

Porque...

... Toda realización humana ha pasado antes por la imaginación.

... La capacidad de generar cambios más allá de lo establecido nace de la conexión entre el deseo y la consciencia, impulsada por la fuerza del inconsciente.

De estas dos frases se deriva la fórmula más poderosa del mundo:

I x D = R
IMAGINACIÓN X DESEO = REALIDAD

«Como no sabían que era imposible, lo hicieron.» Creo que esta frase refleja perfectamente la potencia del inconsciente. Para el inconsciente y para la imaginación no hay límites, no hay barreras, no hay restricciones; todo es potencia, todo es creatividad pura, ya que su materia prima es la sustancia mental, y el universo es consciencia, es mente.

Y creo que la clave de mi transformación, de la transformación de cualquier persona, reside en pasar de vivir de los recuerdos a vivir de la imaginación, de la capacidad creadora.

Como te decía, el inconsciente no entiende el lenguaje de la fuerza, y eso me recuerda algo...

Dijo el maestro: Las mejores cosas de la vida no pueden lograrse por la fuerza:
Puedes obligar a comer,
pero no puedes obligar a sentir hambre;
puedes obligar a alguien a acostarse,
pero no puedes obligarle a dormir;
puedes obligar a que te oigan,
pero no puedes obligar a que te escuchen;
puedes obligar a aplaudir,
pero no puedes obligar a que se emocionen y entusiasmen;
puedes obligar a que te besen,
pero no puedes obligar a que te deseen;
puedes obligar a que fuercen un gesto de sonrisa,
pero no puedes obligar a reír;
puedes obligar a que te elogien,
pero no puedes obligar a despertar admiración;
puedes obligar a que te cuenten un secreto,
pero no puedes obligar a inspirar confianza;
puedes obligar a que te sirvan,
pero no puedes obligar a que te amen.
Sentir hambre, dormir, escuchar, emocionarnos, entusiasmarnos, desear, reír, sentir admiración, sentir confianza, amar... son acciones que no admiten la fuerza, la obligación.
Son acciones maravillosamente inconscientes.

Seguimos en contacto. Un contacto cada vez más consciente.

Álex

P. D. A veces a los intrépidos, a los que arriesgan, a los que rompen una pauta, a los que van a la contra, a los que hacen las cosas de una manera diferente, a los que se permiten mirar de una manera distinta, a los que se escuchan de verdad, a los que viven su vida (y, por cierto, dejan que los demás vivan la suya), a los bohemios, a los rebeldes, a los que van contra el sistema, a los que hacen lo que les apetece y disfrutan con ello sin hacer daño a los demás... a todos ellos se les insulta diciéndoles que son unos «inconscientes», cuando probablemente son los más conscientes, los que están más en contacto con su verdadero Yo y se dan el permiso de expresarlo.

Carta 9

Caperucita, la abuelita y el lobo feroz van al terapeuta

«El reconocimiento de que tú eres la causa y no el efecto hará que no tengas más miedo: sentirás una nueva sensación de poder.»

ROBERT FISHER, *El caballero de la armadura oxidada*

Apreciado jefe (dondequiera que estés):

He decidido comunicarme con mi inconsciente para empezar a vivir mi vida de un modo distinto a como la vivo hoy. Pero hay un pequeño problema: no sé cómo hacerlo.

Lo ideal, pienso, sería solicitar ayuda a alguien que me merezca confianza, que esté dispuesto a escucharme... sin juzgarme. Esto es fundamental: sin que me sienta juzgado. Alguien que me permita expresar todo lo que pienso, todo lo que siento (mis temores, mis fantasías, lo que creo que son mis límites) sin sentirme amenazado por su reacción, por su rechazo, por su burla...

Yo pensaba que esa persona podrías ser tú, pero no sé si me escuchas. ¿Dónde estás, jefe? ¿Por qué no das señales de vida?

Si no puedo contar contigo, ¿a quién puedo recurrir? Se me ocurre una posibilidad: pedir ayuda a un profesional.

O sea, a un terapeuta, consultor personal, *coach*, psicólogo, orientador... alguien, en definitiva, que realmente me escuche con interés, que me genere confianza, que me permita mostrarme libremente.

Este alguien me acompañará en el camino de búsqueda hacia ese interior que no ha salido porque no ha encontrado el espacio, el lugar ni la forma para hacerlo... Así, progresivamente iré viendo las cosas de una manera distinta e imaginando nuevos posibles escenarios en los que ubicarme de forma más cómoda.

Muchas personas creen, erróneamente, que sólo van al psicólogo o piden ayuda los que están fatal, locos de atar, locos perdidos. O que pedir ayuda es un signo de debilidad, es reconocer que uno se ha roto bajo la presión.

Para muchos, ir a ver a un psicólogo o a cualquier profesional que te invite o acompañe a navegar dentro de ti implica asumir que «algo he hecho mal», que «no soy perfecto/a». Dudan y se preguntan: «¿Qué van a pensar de mí si me ven salir de esta consulta? Quizá van a pensar que soy un pervertido, un adicto, un infeliz, un inseguro, que soy débil, que lloro, que no soy fuerte, que no estoy seguro de mí, que tengo dudas, que tengo miedos, que me cuestiono a mí mismo...».

Y cuando pienso en ello, no puedo evitar gritar a pleno pulmón:

¿Y qué?

¿Hay algún problema?

¡El que esté libre de pecado que tire la primera piedra!

Muchos no se dan cuenta de que el verdadero desarrollo de la inteligencia emocional sólo se consigue a base de ser minero de uno mismo. Pero es harto difícil asumir ese reto. Es mucho más fácil pensar en las cosas que pensarse, o mejor, repensarse a uno mismo.

Porque lo que es realmente de locos es no someternos a revisión si sentimos que lo necesitamos, no supervisarnos, no ir a ver a un psicólogo, a un terapeuta que nos escuche y nos acompañe, para proceder a un chequeo, a un buen buceo en nuestro interior.

Así que empezaré a pensar en mí y a olvidarme de lo que puedan pensar *los otros*, porque quizás esos otros están en mi misma situación, buscando una vida plena y con sentido, sin atreverse a declarar abiertamente que hay cosas que no funcionan... Creo que casi todos necesitamos crear un espacio donde reencontrarnos, y que nos cuesta en general darnos el permiso para hablarnos y para hablar con alguien que nos acompañe y que nos escuche... Y así vamos viviendo como podemos, haciéndonos los fuertes, quizá muy confundidos, en un entorno donde muchos, por no decir casi todos, tenemos algo importante que revisar. Porque siempre, continuamente, hay cosas que revisar.

En relación con esto que te explico se me ocurre una pequeña fábula. Va sobre tres personajes que creían ser algo que no eran, y que se complicaron la vida porque asumieron como ciertas algunas verdades que les llevaron a comportarse, como a muchos de nosotros, de una manera un tanto absurda...

La historia dice así:

Éranse una vez Caperucita, su abuelita y el lobo feroz.

Un día, viendo que las cosas no iban del todo bien, que llevaban unas vidas un tanto ajetreadas y complicadas, y, sobre todo, que estaban cansados de vivir siempre el mismo cuento, decidieron ir a ver a un buen psicólogo. Al cabo de unos meses de trabajo terapéutico...

... Caperucita decidió dejar de hablar con lobos seductores, manipuladores y mentirosos que la engañaban y la hacían andar más de la cuenta por caminos largos y complicados.

... La abuelita decidió dejar de abrir la puerta a lobos que se hacían pasar por tiernas niñas, aunque peludas y con la voz ronca. Decidió, además, dejar de vivir en una casa aislada en medio del bosque y se compró un pisito en la ciudad. También contrató a una asistenta para que la cuidase y le hiciera la compra, a fin de evitar que su nieta tuviese que llevarle provisiones atravesando un bosque lleno de lobos mentirosos y peligrosos. Porque la abuelita, gracias a la buena fe de su hija y su nieta, había ido ahorrando con el tiempo dinero de sobras para pagarse el pisito y la asistenta.

... Y el lobo feroz decidió dejar de disfrazarse de abuelita y de meterse en camas ajenas para cazar. Vio que era más fácil cazar conejos en el bosque que complicarse la vida engañando a niñas y abuelas usando disfraces... Es decir, decidió ser un lobo de verdad, un lobo auténtico.

Y colorín colorado, el cuento se ha acabado...

¡Definitivamente!

Para descanso y felicidad de sus tres protagonistas.

Moraleja: quizá para empezar a ser felices de verdad lo que toca es empezar a ser sinceros con nosotros mismos para vernos tal cual somos, pedir ayuda si la necesitamos y, en definitiva...

¡Dejarnos de cuentos!

Afectuosamente,

Álex

P. D. Marcel Proust dijo en cierta ocasión: «*Nada ha cambiado, sólo yo he cambiado; por lo tanto, todo ha cambiado*». Creo que no hay mejor inversión que aquella que recae en nosotros mismos y que tiene como propósito que nos reconozcamos como responsables de nuestras vidas en lugar de como víctimas de las circunstancias.

Carta 10

En busca de talentos propios

«Todos tenemos un propósito en la vida, un don singular o un talento especial que podemos dar a los demás.»

DEEPAK CHOPRA, *Las siete leyes espirituales del éxito*

Postrado y griposo jefe:

En mis primeras cartas te relataba una paradoja que no deja de sorprenderme y que por desgracia se da con frecuencia en nuestros días: personas que son grandes profesionales, que aplican ingentes cantidades de tiempo y recursos a analizar y gestionar hasta el último detalle de su empresa, incluso de cada producto o servicio, son incapaces de administrar con un mínimo de solvencia su propia vida. O sea, de gestionarla eficazmente.

A lo largo de su carrera profesional realizan decenas, cientos de estudios y análisis sobre su empresa o sus productos. Pero, curiosamente, no investigan ni planifican lo que es sin duda más importante: ellos mismos, su vida... Quizá por pereza, por ignorancia, por prisa, por miedo. O porque repensarse es un ejercicio que requiere mucha honestidad, perseverancia y coraje. O porque ni se lo han planteado.

Decía Séneca que «si no sabes hacia qué puerto navegas, ningún viento es bueno». Así que merece la pena dedicar algún tiempo de nuestra vida a reconocernos como primer paso para definir nuestros objetivos en la vida. ¿No te parece?

Los resultados que se obtienen tras la realización de este análisis permiten dar respuestas simples a las siguientes preguntas:

— ¿Qué es lo que no quiero de mi vida?

— ¿Qué quiero realmente de mí y de mi vida?

— ¿Qué se hacer bien yo, cuáles son mis habilidades o talentos diferenciales y singulares?

— ¿Vivo feliz, conforme o resignado?

— En caso de que la respuesta se mueva entre la conformidad y la resignación...

— ¿Qué puedo hacer para ser feliz?

En definitiva, el autoanálisis no es más que una herramienta para los insatisfechos e insatisfechas inteligentes, aquellos que se sienten desaprovechados, que creen que hay una parte importantísima de sí mismos que está pidiendo a gritos una oportunidad para redefinir su vida, para hacerla más próspera, con una dirección y, sobre todo, con sentido.

Este proceso de análisis hay que hacerlo en positivo, ya que...

... todo está ahí, en positivo, dentro de nosotros.

EL PODER ESTÁ DENTRO DE MÍ. Y PARA LLEGAR A ÉL,
SÓLO NECESITO DARME ATENCIÓN.

Se trata de buscar e identificar nuestras fortalezas, incluyendo las habilidades olvidadas. No se trata de luchar contra las debilidades, sino de transformar y hacer crecer las habilidades positivas, actualizando su potencial. Las que tenemos y las que tuvimos, pero descuidamos. Vamos a desempolvarlas y ponerlas en forma en nuestro yo, aquí y ahora. Ello nos hará tomar conciencia de que somos mucho más capaces de lo que creemos. Tan sólo se trata de que recordemos y actualicemos ese potencial.

Por tanto, hay que desbloquear habilidades que quedaron encerradas en la caja del olvido por la rutina, por las circunstancias de la vida, por la repetición continua de las mismas funciones en el mismo puesto de trabajo o en puestos de trabajo muy similares. Porque en cada jornada laboral (y esto no me lo invento yo, hay estudios que lo demuestran) se repite el 90 por ciento de lo hecho el día anterior, y es difícil salir de este, llamémosle, «círculo vicioso». Podemos llegar a pensar que sólo sabemos hacer eso que lo cotidiano nos impone.

En cierta ocasión oí que entrevistaban a alguien que decía con orgullo y cierta arrogancia: «Tengo diez años de experiencia en este sector». A lo que su inteligente y rápido entrevistador le dijo, una vez completada la entrevista y visto su currículum: «Permítame que le rectifique: más que diez años de experiencia, usted tiene un año de experiencia repetido diez veces».

Centrémonos por lo tanto en nuestros aspectos positivos y sobre todo en aquellos que nos diferencian, porque son los que nos permitirán ocupar una posición clara y diferenciada, tener visibilidad para los demás y manifestar el ser único y singular que cada uno de nosotros tiene en potencia.

Para identificar nuestras fortalezas, lo primero que conviene tener en cuenta es que la mejor, más completa, profunda y veraz definición de uno mismo o una misma llega cuando no existen ni el miedo ni sus derivados, como la angustia en todas sus vertientes: de abandono (me dejarán, me despedirán, me quedaré solo), de impotencia (no valgo, no sé hacerlo, no lo lograré) o de identidad (no sé quién soy).

Quizás el diagnóstico no aparezca tan claro ni tan rápidamente como nos gustaría... A veces puede ser que nuestros talentos estén tan pegados a nosotros mismos que seamos incapaces de verlos, o incluso que sean tan obvios que dejemos de darles su justo valor. En ambos casos, la ayuda de terceros que nos aprecien, que nos quieran de verdad, es esencial.

Por lo tanto:

— Me voy a escuchar y a reconocer aquellas habilidades que son evidentes. Haré una lista de mis talentos.

— Para completar la información anterior preguntaré a los que me aprecian y tienen una actitud positiva ante la vida. Les preguntaré abiertamente y les diré que sean honestos en sus respuestas. Les aclararé que sobre todo me interesa que destaquen aquello de positivo que ven en mí.

Esto me servirá sin duda para hacer un listado de mis fortalezas hoy: lo que yo veo y lo que los demás ven en mí. Con la lista hecha, miraré los aspectos coincidentes: ahí tendré sin duda aquellos elementos que me hacen destacar y diferenciarme.

Pero la investigación no se acaba aquí...

Existen además aquellas habilidades que tuvimos algún día y que hoy no manifestamos o lo hacemos en menor medida. Voy a pensar en toda la experiencia de mi vida y en todo cuanto he desarrollado.

Sobre esto se me ocurre un juego. Imaginaré que no tengo sólo la edad que tengo, sino también todas las edades que he tenido antes. Si tengo treinta y tres años, pensaré que tengo además treinta y dos, treinta y uno... y seguiré hasta los cinco, cuatro, tres, dos, uno. Es decir, tengo la suma de esas edades aquí y ahora, porque, en realidad, he vivido todas esas edades y cada una de ellas ha tenido sus experiencias, sus vivencias que me han hecho ser como soy. A continuación, anotaré las habilidades, aptitudes, talentos o fortalezas que recuerdo que tenía en cada edad, edad por edad.

Visto con estos ojos, una cosa es la «edad cronológica» y otra muy distinta la «edad experta» (experta porque viene de experiencia).

Aunque sea un juego de números, me sorprende el valor de la edad que tengo cuando lo miro desde esta perspectiva (¡quinientos sesenta y un años!). Percibido de este modo, todos, hasta un niño de diez años, merecen muchísimo respeto y consideración sólo por el valor de su experiencia.

De este modo, hoy, aquí y ahora soy un niño feliz, que aprende, creativo y libre. Soy también un adulto inteligente y lleno de vida y de experiencia, un padre afectuoso y protector, un joven seductor, enamorado y apasionado... todo eso he sido y por lo tanto SOY, porque está en mi experiencia.

Creo que es esencial, en el proceso hacia la dirección de mi vida, valorar mis talentos, apreciarlos en su medida, creer en ellos y expresarlos sin miedo.

Me parece importante también no atribuirme más habilidades de las que razonablemente son ciertas y están ahí. Ser honesto conmigo. Aceptar lo que soy capaz de hacer y lo que no. Como me dijo una vez un amigo inglés: «Be the best of you, not better than you». Que se podría traducir como: «Sé lo mejor de lo que eres y no aparentes ser más de lo que puedas ser».

Las personas con mayor calidad de vida y más prósperas que conozco (entendiendo la prosperidad en un sentido amplio) han investigado y siguen permanentemente investigando cuáles son sus talentos, sus habilidades. Han identificado sus propósitos personales y se han puesto a trabajar en esa dirección, siempre teniendo en cuenta el sentido de la utilidad de su trabajo para los demás y para ellos mismos.

Nunca es demasiado tarde ni para realizar un diagnóstico honesto de uno que facilite un cambio ni para redefinir la vida... ni para nada.

Con mis mejores deseos,

Álex

P. D. Decía Pino Aprile en referencia a su brillante libro *Elogio del imbécil*: «Disuadidos de pensar, educados en deseos que nos han sido impuestos y que son idénticos a los del vecino, somos el producto de un largo proceso evolutivo dirigido a reprimir la obsoleta y molesta inteligencia».

Quizás entonces lo inteligente sea ponernos a pensar e identificar cuáles son nuestros deseos genuinos.

Carta 11

Tu vida es tu oportunidad... si tú quieres

«Sólo triunfa en el mundo quien se levanta y busca las circunstancias, y las crea si no las encuentra.»

GEORGE BERNARD SHAW

Apreciado y convaleciente jefe:

He sabido que en realidad no tienes gripe. Dos semanas empezaban a ser mucho tiempo y no he podido evitar hacer indagaciones. Sé que te has tomado un descanso forzoso, una baja temporal por estrés. Al parecer, a la gente le sigue dando vergüenza reconocer que está estresada, cansada, bloqueada, débil. Prefiere inventarse cualquier mentira. La presión social en este sentido sigue siendo muy fuerte y veo que tú tampoco escapas a ella.

Y esto me lleva a pensar que probablemente me necesitas tanto como yo a ti. Yo esperaba que tú me dieras las respuestas a mis inquietudes, pero a base de preguntarme e investigarme, a base de observar el mundo que me rodea y bucear en mi interior, estoy alcanzando esas respuestas por mis propios medios.

Voy a seguir compartiendo este proceso de búsqueda y reflexión contigo, pues veo que a los dos —y quién sabe si a más gente— nos puede ayudar a ser más felices. O sencillamente felices.

En este proceso, empiezo a darme cuenta de que mi vida está llena de oportunidades. He perdido el miedo y cada vez estoy más convencido, como te decía en una carta anterior, de que soy yo quien lo acerco y lo alejo todo de mi vida, quien acerco y alejo las oportunidades.

El diccionario define oportunidad como «conveniencia de lugar y tiempo». Y esta conveniencia para tener la vida que deseamos existe aquí y ahora, y puede ser creada por nosotros mismos.

Apreciado jefe, si hay cosas en tu vida que consideras «inoportunas», que crees que deben cambiar, plantéate seriamente en qué medida eres tú el que decides que se mantengan ahí. Porque vivir con circunstancias inoportunas es molesto, incómodo y sólo comprensible bajo un esquema muy neurótico y masoquista.

Vivir rodeado de circunstancias inoportunas es también la excusa ideal que tienen muchos para no abandonar su posición de víctima y manifestar permanentemente los síntomas de una *victimitis* con la que se acaban sintiendo de manera constante «jodidos, pero contentos». Como dice Jorge Bucay: «Un neurótico es alguien que se pasa la mitad de su vida poniéndose trampas y la otra mitad cayendo en ellas».

Algunos de los síntomas más evidentes de la *victimitis* son la queja continua sobre la vida y los demás, la sensación de vivir como resultado de las circunstancias más que como generador de ellas, el uso frecuente —a veces permanente— de los demás como muleta o paño de lágrimas, una visión dura y difícil de la vida (donde hay muchos más enemigos y amenazas que amigos y oportunidades) y la dificultad para experimentar placer, entre otras.

Una de las principales causas de infelicidad que hay en el mundo es el secreto placer que a veces encontramos en sentirnos miserables. Como dice el chiste:

«¿Por qué no sales y te diviertes, cariño?».

«¡Sabes perfectamente que nunca disfruto divirtiéndome!»

Uno puede elegir el tipo de vida que quiere vivir y, en definitiva, dejar de sufrir victimitis. De hecho, siempre hay una oportunidad para deshacernos de la vida que nosotros mismos hemos complicado, para tener la vida que deseamos y que nos espera.

Algunas personas no saben ver sus oportunidades y, por el contrario, ven constantemente terribles amenazas.

Las amenazas son, salvo en el dramático caso de que sean claramente explícitas y directas (como las que nacen del terrorismo, por ejemplo), una cuestión de percepción y, sobre todo, de interpretación de la realidad que a cada uno le rodea.

La vida no amenaza, la vida ocurre. Los hechos son neutros y cada cual les pone el color que quiere. O como dice un genial aforismo tibetano: «No hay situaciones desesperadas, sólo personas que se desesperan».

De hecho, uno puede resignificar toda experiencia vivida, incluso la que ha sido interpretada como amenazante, y darle un nuevo y completo sentido. Un sentido de aprendizaje, de experiencia.

Por tanto,

VIVIR LAS CIRCUNSTANCIAS COMO AMENAZAS O COMO OPORTUNIDADES ES UNA ELECCIÓN.

Lo que vemos es lo que vemos, no lo que es. En la percepción juegan sobre todo nuestros sentidos y el patrón psicológico y cultural en el que hemos sido formados. Lo que para algunos es un reto, para otros es una dificultad insuperable. Lo que la gente llama «aglomeración» en un tren, se convierte en «ambiente» en una discoteca.

Nuestro inconsciente, a través de sus mecanismos de percepción selectiva, nos hace ver la realidad de una determinada manera. La interpretación combina los estímulos que llegan a nuestro cerebro y monta una película donde ubica tres ingredientes fundamentales: a uno mismo (o una misma), a los demás y a las circunstancias.

Según el papel que nos adjudique nuestro inconsciente en esa película, el resultado final de la escena interpretada puede ser totalmente distinto en signo (de positivo a negativo), en intensidad (de mucho a poco) y en posibilidad percibida de cambio (de todo a nada). Si tenemos una idea negativa y acobardada de nosotros mismos, percibiremos la realidad como más dura, triste, desagradable y difícil de cambiar que si esa idea es positiva, relajada y asertiva.

La forma en que decidamos actuar en esa *película* nos condicionará para los siguientes y nuevos estímulos que vayan apareciendo en nuestra vida.

Entre los estímulos que recibimos y las respuestas que damos existe nuestra capacidad de decidir qué responder.

La decisión es una elección personal. A mayor grado de conciencia, mayor libertad de elección en esa decisión.

Por lo tanto, cuanto más se abren los ojos de la mente, más posibilidades hay de resignificar nuestro ser, la vida, las experiencias y a los demás, de modo que las amenazas vayan convirtiéndose progresivamente en oportunidades.

Para quitar la sábana y las cadenas a las amenazas *fantasma* sólo tenemos que cambiar nuestro *chip*, nuestra actitud, nuestra manera de ver el mundo. Y escucharnos, hacer un análisis de nuestras habilidades y talentos es una pieza clave para la conversión de amenazas en oportunidades.

Así que voy a empezar a sustituir el «si no lo veo, no lo creo» por el «si no lo creo, seguro que no lo veré». Es decir, decido crear mis propias oportunidades.

LAS OPORTUNIDADES NO SON SÓLO FRUTO DEL AZAR, SINO QUE PUEDEN CREARSE.

Y para crearlas tenemos que saber lo que queremos y expresar ese deseo.

Con mucha más frecuencia de la que cabría esperar seguimos actuando como bebés y creemos que los demás son como nuestra mamá, es decir, que adivinan nuestros deseos. Y nos olvidamos de que si queremos algo, si consideramos, además, que lo merecemos, tenemos que pedirlo.

Un buen amigo mío es un gran compositor musical y poeta, un auténtico genio de treinta y cinco años. Su sueño hasta hace poco era que sus letras aparecieran en las canciones de un renombrado y admiradísimo solista a nivel internacional. Un día, en la conversación que acompaña a una buena comida, me manifestó su deseo. Mi respuesta fue muy simple: «¿Y por qué no se lo dices y le mandas un e-mail con fragmentos de tus composiciones?». Él se quedó paradísimo: «¿Yo? Pero... ¡si nadie me conoce! ¿Qué va a pensar de mí? ¿Tú crees? Debe de estar muy ocupado. ¿Se lo leerá...?». «Si no lo pruebas, nunca lo sabrás», le respondí. Así que lo probó. Y en este preciso momento están preparando un disco juntos.

Por lo tanto, aunque es obvio, a veces las oportunidades aparecen porque pedimos lo que creemos que es justo o simplemente porque lo deseamos: desde un aumento de sueldo hasta salir a cenar con alguien que nos gusta.

La cantidad y calidad de oportunidades que nos aparecen en la vida son directamente proporcionales a la actitud que tenemos frente a ella.

O dicho de otra forma: las oportunidades pasan por delante de nuestras narices, así que... ¡tengamos la caña y el anzuelo a punto!

Afectuosamente,

Álex

P. D. Oscar Wilde dijo: «El aplazamiento es el asesino de la oportunidad». Y un antigua fábula lo confirma. Dice así:

Un joven describía entusiasmado lo que soñaba hacer con su vida.

«¿Y cuándo piensas hacer realidad tus sueños?», le preguntó el maestro.

«Tan pronto como llegue la oportunidad de hacerlo», respondió el joven.

«La oportunidad nunca llega», replicó el maestro. «La oportunidad ya está aquí.»

Carta 12

Tu principal condicionante: lo que crees ser

«El ser humano debe encontrar el camino de vuelta a sí mismo, debe convertirse en persona e individuo en el sentido radical de existencia que tiene esa palabra. El ser humano no nace para desaparecer en la historia como pieza desechable, sino para comprender su destino, para arrostrar su inmortalidad... para salvar su alma.»

IMRE KERTÉSZ, *Un instante de silencio en el paredón*

Querido y latente jefe:

Han pasado ya algunas semanas desde que empecé a escribirte y a pesar de la distancia y de tus silencios te noto próximo, te siento latiendo cerca de mí. Intuyo por primera vez que realmente te interesa lo que te cuento, que te resulta útil, que de alguna manera estás ahí, atento, escuchando.

Eso me anima a seguir adelante.

He compartido contigo la necesidad de que cada persona realice un análisis de su vida actual, de sus deseos, de sus talentos, de sus objetivos, de sus pasiones verdaderas. Y también te he hablado de la necesidad de superar obstáculos, como los miedos inconscientes para que ese análisis sea auténtico.

Y al hilo de esto, se me ocurre que la gran barrera a superar es la idea que tenemos de nosotros mismos. O sea, lo que nos han hecho creer que somos. Y eso, como te he comentado en mis cartas anteriores, se forja en la infancia, cuando la página en blanco que somos al nacer empieza a llenarse con las palabras y los trazos de los que nos rodean: padres, hermanos, tíos, abuelos, educadores...

No hace mucho leí un texto que me impresionó. Thorwald Dethlefsen y Rüdiger Dahlke, en el libro titulado *Las etapas críticas de la vida*, recreaba el diario de un niño de dos años:

«Jueves, 8.10: He tirado colonia en la alfombra. Huele bien. Mamá enfadada, la colonia está prohibida.

8.45: He tirado el mechero en el café. Me han pegado.

9.00: En la cocina. Me han echado. La cocina está prohibida.

9.15: En el cuarto de trabajo de papá. Me han echado. Cuarto de trabajo también prohibido.

9.30: He quitado la llave del armario. Jugado con ella. Mamá no sabía dónde estaba. Yo tampoco. Mamá me ha gritado.

10.00: He encontrado un lápiz rojo. Pintado en la alfombra. Prohibido.

10.20: He cogido la aguja de hacer punto y la he doblado. He clavado otra en el sofá. Las agujas están prohibidas.

11.00: Tenía que tomar leche. ¡Pero quería agua! Me he puesto a llorar. Me han pegado.

11.30: Roto un cigarrillo. Había tabaco dentro. No sabe bien.

11.45: He seguido a un ciempiés hasta debajo de la valla. He encontrado cochinillas. Interesante, pero prohibido.

12.15: He comido caca. Sabor peculiar, pero prohibido.

12.30: He escupido la ensalada. Incomible. Pero escupir está prohibido.

13.15: La siesta. No he dormido. Me he levantado y me he sentado en la colcha. Helado. Helarse está prohibido.

14.00: He reflexionado. Constato que todo está prohibido ¿Para qué viene uno al mundo?».

Según explica el doctor Lair Ribeiro, científicos estadounidenses llevaron a cabo un estudio con una serie de niños para saber qué oían exactamente al cabo de un día. Y descubrieron que un niño, desde que nace hasta los ocho años de edad, oye la palabra "no" un promedio de 35 veces al día.

Duro, ¿verdad? Probablemente cualquiera de esos niños, a base de oír continuos «no» y «prohibido», acabaron por decidir que probar, jugar, arriesgarse, ensayar, en definitiva, vivir, estaba prohibido.

No quiero decir que marcar límites a los niños sea algo perverso o malvado. Pero si el «no» se convierte en un tic, sin tener en cuenta que el niño es una persona que tiene todo el derecho a experimentar con el entorno, se van perdiendo progresivamente la espontaneidad, la capacidad de intimidad, las ganas de escuchar, de compartir, de tomar riesgos, de probar nuevas experiencias.

Además de los noes, hay otras expresiones *perversas* en el proceso educativo, aunque a veces sean dichas con la mejor intención: «eres bueno», «eres malo», «eres guapo», «eres feo», «eres una bolita», «eres como un armario», «eres una muñeca», «eres una bestia», «eres una princesa», «eres un trasto», «eres un inconsciente», «eres un bicho», «eres como tu abuelo», «serás el mejor abogado de la familia», «serás un ligón», «serás un inútil»... ¡hasta el tan frecuente y absolutamente inconcreto y vago «eres especial»! (¡¿especial para qué?!).

De alguna manera, con éstas y otras expresiones, nos están diciendo lo que somos y lo que debemos ser en el futuro. Además, la educación que recibimos se encarga de activar en nosotros a muy temprana edad una serie de órdenes sobre cómo actuar en la vida que se instalan en nuestro inconsciente (Taibi Kahler y Hedge Capers las denominan «impulsores»). Estas órdenes las podemos resumir en:

— Complace.
— Sé perfecto.
— Sé fuerte.
— Date prisa.
— Esfuérzate.
— Ten cuidado.

Todo esto se graba firmemente en el inconsciente y moldea el carácter de cada persona. Si te observas y observas a las personas que te rodean verás claramente cómo se manifiestan. Cada persona tiende a tener algunas órdenes más activadas que otras.

Hay, por ejemplo, personas que tienen un «complace» como una catedral y se pasan la vida complaciendo a los demás, hasta llegar a olvidarse de ellos mismos. Son todo un ejército los adultos que van tragando en la vida lo que sea: comida en exceso, tabaco, televisión basura y otras drogas para aplacar su ansiedad y complacer a un otro en el que proyectan a ese papá o mamá que temen que les dejará y por el que tratan de ser aceptados y queridos a toda costa. Detrás del «complace» está la fantasía de que es posible agradar a todo el mundo.

Hay otros que tienen un «sé perfecto» tan acentuado que a menudo se definen a sí mismos orgullosamente como "perfeccionistas" y sufren las consecuencias de su propia presión de perfección. Pagan con ansiedad el querer tenerlo todo controlado. El niño al que se le repite y se le da a entender día sí y día también «puedes hacerlo mejor», puede interpretar «nunca seré lo suficientemente bueno», con lo que probablemente pase una vida más o menos machacada en la búsqueda de una perfección que, debido al propio nivel de exigencia, nunca llegará. Detrás del «sé perfecto» existe la fantasía de que es posible hacerlo absolutamente todo a la perfección.

Bajo el «sé fuerte» aparecen a la larga muchos infartos, fruto de una represión de la expresión de los sentimientos, de las emociones como el miedo y la tristeza, así como de la afectividad. Por ejemplo, el niño al que se le repite «los hombres no lloran» o explícitamente «la vida es dura, hay que ser fuerte», puede interpretar «no debo sentir» y probablemente decida «no voy a mostrar mis sentimientos, voy a ser fuerte», reprimiendo o camuflando sus sentimientos y emociones naturales. La fantasía de las personas que tienen este impulsor activado es que es esencial mostrar a los demás que uno no siente.

Sobre el «date prisa» hay poco que decir puesto que se define sólo. Con él en la cabeza es fácil cometer errores, decidir prematuramente, comprometerse antes de tiempo y complicarse la vida sin pensar. La sociedad occidental tiene el «date prisa» hasta en la sopa. ¡Todo es *fast*! La creencia errónea que oculta el «date prisa» es que las cosas no salen bien si no se hacen deprisa.

El «esfuérzate» es otro de los males de nuestra civilización. Las personas que funcionan bajo este impulsor están guiadas por la siguiente frase inconsciente: «Las cosas que se logran sin esfuerzo no tienen valor», por lo que acostumbran a fijarse metas impracticables y métodos ineficientes, complicándose la vida de modo innecesario.

Finalmente, el «ten cuidado» es una clara invitación al no hacer, a quedarnos bloqueados, ya que tras esa advertencia se vincula el hacer con el riesgo, con la amenaza. Otra manera de leerlo es «no hagas —lo que sea— porque es peligroso, algo grave te pasará...», inhibiendo toda tentativa ya no de logro sino de intento de la persona.

En definitiva, la imagen que tenemos de nosotros mismos, lo que creemos que somos, se define en función de este «cóctel de órdenes» que llevamos en el inconsciente y con el que nos programaron desde pequeñitos.

Visto esto, la respuesta a la pregunta ¿quién soy? puede resultar realmente difícil de responder. Alguien puede decir: «Soy como mi abuelo, patoso y lento», sin pensar que en su información genética no había nada de patoso ni de lento y que se lo acabó creyendo a base de repetírselo.

Por tanto, estimado jefe, tenemos la obligación de analizar si en realidad somos como nos dijeron que somos. Porque estoy seguro de que, en realidad, somos mucho más que eso.

Un afectuoso abrazo.

Álex

P. D. Como dijo el extraordinario Anton Chéjov: «Un hombre es lo que él cree que es»... Y nada mejor para ilustrarlo que la historia de un pato. Sí, no es un error. Me refiero a la historia del patito feo, que dejó de creerse patito cuando se encontró con otros cisnes. De repente, vio la falsedad, vio lo que no era, despertó de una pesadilla, dejó de representar un falso personaje que no tenía nada que ver con su verdadera identidad... Vio que había otra manera de vivir más acorde con su verdadera naturaleza... Simplemente reconoció su verdadero ser.

Hasta ese momento era ignorado, despreciado y maltratado por los demás, con su autoestima por el suelo... porque él se mantenía inconscientemente en una *posición* de víctima de la que no sabía cómo salir... porque le faltaba información clave sobre su verdadera identidad.

Por el contrario, desde el mismo momento en que asumió su verdadera condición y la mostró sin timidez ni vergüenza, todos los demás le reconocieron y respetaron... Aunque para eso necesitó ver con sus propios ojos que había otros como él y que estaban orgullosos de ser cisnes, porque entre otras cosas eran realmente dignos y hermosos.

Eso es lo que le pasa a la gran mayoría... de los humanos.

Carta 13

El techo está en el cielo... o donde tú lo pongas

«No vemos las cosas como son... vemos las cosas como somos nosotros.»

ANTONIO BLAY FONTCUBERTA

Querido jefe:

No sé si lo has pensado alguna vez, pero cuando un niño llega al mundo, sus posibilidades de realización y de logro tienen un techo infinitamente mayor que cuando ya han pasado sólo cuatro años de su vida. Siguiendo el promedio que te mencionaba en mi carta anterior, el día que cumple cuatro años ¡ya ha oído casi cincuenta mil veces la palabra «no»! Entonces, de manera inconsciente, el niño ya ha puesto a una altura determinada el techo de los logros de su vida.

Cuando nacemos, no tenemos más techo que el cielo. Pero a base de tragarnos «impulsores» empezamos a fijar una altura límite: a dos metros, a doscientos, a dos kilómetros, a doscientos mil... o a dos palmos del suelo, lo que nos llevará a arrastrarnos por la vida, a sobrevivir más que a vivir, a tener que «ganarnos la vida» porque creemos que está perdida.

Nacemos con un potencial increíble de aprendizaje y desarrollo. Pero nos vamos adecuando a la realidad que nos imponen. Para un niño, sus padres y los adultos en general son como dioses, personas que miden tres veces más que él y a las que no le queda más remedio que obedecer si quiere sobrevivir. Imagínate cómo reaccionarías si apareciese ante ti una persona que midiera más de cinco metros de altura y que te espetase a un palmo de la cara y con una voz profundamente grave: «¡Calla y come!». Seguro que comerías... lo que fuera.

La historia personal de cada uno nos lleva entonces a definirnos, a significarnos y a ser individuos, esto es, únicos, diferentes del resto. Aunque, jugando con las palabras, bajo la apariencia de individuos hay muchísimos «dividuos», es decir, seres humanos que viven divididos entre lo que son y lo que quieren ser, entre lo que deben y lo que quieren, que viven vidas partidas en múltiples yoes que aparecen y desaparecen en función del entorno en que se encuentren, de las circunstancias y del estado de ánimo. Y el resultado final de un ser humano que se vive fragmentado es... ¡que acaba hecho pedazos!

El problema es que a muchos seres humanos se les trata como *dividuos*, haciéndoles creer que son objetos en lugar de sujetos, que son...

... prótesis: el cerebro de otro (pensar), los brazos-manos-piernas de otro (hacer), el corazón de otro (sentir), hasta el falo de otro (ser su símbolo de poder);

... arma arrojadiza: para hacer daño a otro, amenazarlo o hacerlo sufrir;

... objeto de placer y/o abuso: por puro voyeurismo, por acoso sexual, etc.;

... objetos de decoración y menaje: espejos en el que los demás proyectan sus miedos, defectos, inseguridades y frustraciones. Armarios que se tragan las prendas de un pasado apolillado; floreros (para decorar y nada más); cuadros (siempre muy *colgados*); alfombras, papeleras, detergentes con los que lavar el pasado, etc.;

... herramientas y utensilios de bricolaje: utilizados como lubricantes (en la relación con otros) o bisagras (sin los cuales la relación de otros dos no se aguanta), martillos, taladros, pestillos, etc.

Si me vivo como un objeto, si estoy o me defino siempre según la función que realizo para los demás, no podré responder nunca con propiedad a la pregunta: ¿quién soy? (como mucho podré saber qué soy...).

Así que...

LA FELICIDAD SÓLO LLEGA CUANDO NO SOMOS OBJETOS DE OTROS, SINO SUJETOS DE NOSOTROS MISMOS.

Sujetos en el sentido de individuos y de «aferrados» a nuestra propia vida.

Ser individuo es el primer paso para ser persona. Porque ser persona implica además un proceso. Creo que nadie ha definido tan brillantemente lo que es ser persona como Virginia Satir:

1. Concederme el permiso de estar y de ser quien soy, en lugar de creer que debo esperar que otro determine dónde debería estar yo o cómo debería ser.

2. Concederme el permiso de sentir lo que siento, en vez de sentir lo que otros sentirían en mi lugar.

3. Concederme el permiso de pensar lo que pienso y también el derecho de decirlo, si quiero, o de callármelo, si es que así me conviene.

4. Concederme el permiso de correr los riesgos que yo decida correr, con la única condición de aceptar pagar yo los precios de esos riesgos.

5. Concederme el permiso de buscar lo que yo creo que necesito del mundo, en lugar de esperar a que alguien más me dé el permiso para obtenerlo.

La redefinición de uno mismo o una misma hasta convertirse en persona es normalmente la consecuencia de haber realizado un buen trabajo de escucha y de análisis personal. Es entonces cuando tomamos conciencia de lo que somos y de nuestras competencias. Es decir, llegamos a ser personas conscientemente competentes.

Del *dividuo* a la persona conscientemente competente hay un camino largo, como el que recorre el practicante de artes marciales desde su iniciático cinturón blanco hasta el cinturón negro décimo dan, que sólo ostentan los verdaderos maestros y al que se llega no sólo por el dominio experto de la técnica, sino por la maestría y la simplicidad que nace de la verdadera y profunda sabiduría.

Te envío un fuerte abrazo y te deseo una pronta recuperación (en todos los sentidos: si te recuperas a ti mismo, te recuperarás de todo lo demás).

Álex

P. D. «Procura que el niño que fuiste no se avergüence nunca del adulto que eres», oí en cierta ocasión. Te traslado este pensamiento, que en su día fue para mí un auténtico regalo.

Carta 14

Un paso más hacia la felicidad: el sano egoísmo

«El egoísmo no consiste en vivir como uno cree que ha de vivir, sino en exigir a los demás que vivan como uno.»

OSCAR WILDE

Querido jefe:

Puede sonarte mal lo que te voy a decir (sobre todo si, como creo, te han educado igual que a mí), pero tal como lo pienso te lo digo: en determinados momentos de la vida es bueno ser egoísta. Y voy a serlo.

Mejor dicho, necesito serlo, porque el egoísmo bien entendido es una pieza clave para esa resignificación de mi persona que te comentaba en mi última carta y para la redefinición de mi vida en general (que es de lo que te hablo desde la primera).

En la medida en que uno se va redefiniendo, resignificando y convirtiéndose en persona, lo que hace es redefinir también su posición respecto a los demás. Dicho de otra manera: psicológicamente tu posición se mueve, cambia, se desplaza, se ubica de manera que los demás, para seguir viéndote, deben quizá también moverse y cambiar de perspectiva.

Por lo que en el proceso de convertirte en persona existe la posibilidad de que aquellos con los que te has venido relacionando no te entiendan, no apoyen el cambio, no lo acepten, y que incluso piensen que te has vuelto loco.

Porque para los que creen que el cambio no es posible, que la terapia no sirve, que la vida es y será durá, que uno no puede llegar a definir la dirección de su propia vida, que el mundo siempre ha sido así, que renuncies a la utopía... para ellos es una mala pasada ver que sí es posible. Es un torpedo directo a la línea de flotación de sus creencias fundamentales. Y, claro, es normal que te persigan y te machaquen con el «¡no se puede, pierdes el tiempo, eres un iluso!» o con el (por todos conocido) «me acabarás dando la razón».

Si se da esta situación, recuerda que hay una cosa que ni siquiera Dios puede hacer: gustar a todo el mundo.

Hay un momento de la vida en el que, si te mueves y perseveras en el camino de la autorrealización (de la felicidad, del éxito, de la prosperidad, de la iluminación... como quieras llamarlo), te debe importar muy poco si te entienden o no. Basta con que te entiendas tú. Con eso es suficiente.

El egoísmo se puede definir como la atención y el interés exaltado hacia la propia persona. Porque el sufijo –ismo se aplica a sustantivos que significan, por un lado, sistema, y por otro, fuerte inclinación o preferencia. Y de nuevo apelo al maestro Jorge Bucay:

«El -ismo proviene de la idea de preferencia que muchas veces está generada por el amor hacia aquello que se refiera el concepto que se va a definir. Cristianismo es preferencia pero también amor a todo lo que tiene que ver con la doctrina de Cristo; judaísmo, a todo lo que tiene que ver con los judíos; marxismo, amor a todo lo relacionado con la ideología marxista; terrorismo es la preferencia pasional hacia el terror como forma de estructurar los cambios; pacifismo, inclinación hacia la paz, etc. Insisto: todo -ismo significa inclinación y preferencia en el sentido amoroso del término»..

Luego ser un egoísta implica quererse, interesarse por uno, preferirse... ¿Y hay algo de malo en eso? ¿Es acaso malo que en determinados momentos de la vida uno sea sanamente egoísta? ¿Es malo empezar a ser egoísta para dejar de vivir con el techo a dos palmos de altura?

Quizás en ese egoísmo, que no tiene nada que ver con la avaricia, la manipulación o la mezquindad, está la clave de la redefinición personal. Porque siendo egoístas dejaremos de pensar en términos de «¿qué dirán?, ¿qué me harán?, ¿me dejarán?, ¿me aceptarán?, ¿les gustaré?, ¿me querrán?».

Sólo cuando uno finalmente se convierte en una persona conscientemente competente y sanamente egoísta toma sentido la frase «amarás a los demás como a ti mismo», porque sólo cuando te consideras, te respetas y te amas de verdad eres capaz de amar a otros de verdad.

Luego el egoísmo es, finalmente, condición indispensable para ser uno mismo o una misma, para mostrarse, para marcar límites a aquellos que se nos suben a cuestas, que nos hacen sentirnos como objetos. Sólo siendo sanamente egoístas podemos redefinir nuestra vida y restar poder a los «impulsores» que nos someten (¿recuerdas?: complace, sé perfecto, esfuérzate, date prisa, sé fuerte, ten cuidado).

¡Qué sano es, en determinados momentos de la vida, ser egoísta! Para tener tiempo y energía suficientes para dar lo mejor de ti a los que quieres, por ejemplo: a tus hijos, a tu pareja, a tus amigos de verdad, a aquellos que en verdad sientes que lo necesitan... Por cierto, como en toda regla, aquí hay una excepción: si hay hijos en escena, no se admite el egoísmo, porque los hijos son el mayor compromiso que el ser humano puede tener.

Y es precisamente por ellos que a menudo merece la pena tener el coraje que supone ser «sanamente egoísta» y redefinir la propia vida. Ello genera beneficios directos como son poder gozar de mayor tiempo en su compañía o asumir su educación con mayor dedicación. Aunque lamentablemente y a menudo los hijos son utilizados como la excusa ideal para frenar o retrasar un cambio de vida. El argumento esgrimido empieza con frases del tipo: «Como tengo que mantenerlos, no puedo jugármela» o la tan repetida «Quiero que no les falte de nada» cuando a menudo, curiosamente, lo que más les falta es la presencia, atención y caricias de sus propios padres. Y así van las cosas... Precisamente si hay algo por lo que merece realmente la pena plantearse seriamente ser egoísta es por el bienestar de nuestros hijos.

En cierta ocasión me dijo un buen amigo, con tremendo sentido común: «Si sigues haciendo lo que estás haciendo, seguirás obteniendo lo que estás obteniendo. Para conseguir algo nuevo o diferente, debes hacer algo nuevo o diferente». Y yo añadiría: «Con sano egoísmo».

Recibe un fuerte abrazo y una invitación a ser sanamente egoísta.

Álex

P. D. Oscar Wilde dijo: «Amarse a uno mismo es el comienzo de un eterno romance».

Y el doctor Claudio Casas lo dejó por escrito en su imprescindible libro *La paleta del pintor*:

Trabas imaginarias, prejuicios, rigideces e inhibiciones nos privan de nuestra espontaneidad, de nuestra respuesta hábil, de nuestra capacidad de fluir y de ser tal cual somos. De registrar y atender nuestras necesidades... y dejar ser a los demás...

¡Para qué la vamos a hacer sencilla si la podemos complicar! (...)

Así sufrimos, nos apagamos, envejecemos...

Un poco de obviedad, un poco de simpleza, un poco de practicidad pueden orientarnos.

¿Qué tal si cuando no quieres, dices que no; cuando te hace daño, lo dejas; cuando necesitas pedir, lo pides; cuando quieres dar, se lo das; y cuando quieres llorar o gritar, lo dejas salir?

¿Qué tal si cuando quieres comunicarte, te abres? ¡Y cuando estás contento, te ríes!

¿Qué tal si cuando ves al otro, lo aceptas como es, sin rotularlo?

¿Qué tal si te quedas aquí y ahora, lo único real, en donde hay tanto que no requiere ni del pasado ni del futuro?

¿Qué tal si te das a tu esencia y te dejas Ser verdadero?

Sublime...

¡Gracias, Claudio!

Carta 15

La brújula interior

«Haz las cosas que te salen del corazón. Cuando las hagas, no estarás insatisfecho, no tendrás envidia, no desearás las cosas de otra persona. Por el contrario, lo que recibirás a cambio te abrumará.»

MORRIE SCHWARTZ, *Martes con mi viejo profesor* (citado por Mitch Albom)

Mi querido jefe y amigo:

Decía Jorge Luis Borges que «el peor de los pecados es no haber sido feliz». Y tenía toda la razón.

El diccionario define la felicidad como «estado de ánimo que se complace en la posesión de un bien...». Cuando leo esta definición pienso: «¡Qué horror! ¡Es una definición vulgar y fácil, pues asocia la felicidad con la posesión de objetos, de productos!».

La gran mayoría de nosotros nos hemos tragado en algún momento de nuestra vida que la felicidad llega cuando estamos cargados de cosas. Nos hemos creído que la felicidad es eso: complacerse en la posesión de un exceso de bienes, en el sentido económico y acumulativo del término.

Tener, tener y tener, hasta que nos olvidamos de ser.

Fíjate en lo siguiente:

Hay quien gasta el dinero que no tiene comprando cosas que realmente no necesita y que no se puede permitir, teniendo en cuenta su situación económica aquí y ahora, para satisfacer necesidades ya satisfechas, para parecer lo que no es ante personas que no conoce o que no le caen bien, acumulando demasiados *demasiados* que no le caben en casa y que ni siquiera utiliza, añadiendo a esa equivocada búsqueda de felicidad, un grave endeudamiento financiero, y una considerable neurosis.

Finalmente, compra tantas cosas que... ¡tiene que vender su alma para pagarlas!

La felicidad tiene que ver con la posesión de otra clase de «bienes». Bienes del alma o bienes del ser: tranquilidad, tiempo, energía física, amistad, buena compañía, salud, proyectos de vida, tareas que nos apasionen... Yo lo veo así...

Es mucho más que simplemente conseguir «algo». Diría que la felicidad es el placer de vivir disfrutando de lo que uno hace, día a día, instante a instante, aquí y ahora.

Y cuando además eso que uno hace se convierte en su medio de vida y de obtención de recursos... ¡entonces es el no va más!

Creo firmemente que la felicidad es esa sensación de que mi vida tiene una dirección y un sentido, de que está guiada por una brújula interior. Esa sensación tan reconfortante de que no estoy perdido porque estoy en un camino en el que me siento bien conmigo mismo, y no necesito montones de cosas materiales que me completen, que cubran huecos de mi alma.

Por tanto, creo que debemos plantearnos si nuestra vida tiene dirección y sentido.

Tener una dirección implica...

... moverse en un camino, o seguir un rumbo.

... asumir que hay alguien que dirige, que marca ese rumbo.

... y, sobre todo, tener un hogar, un lugar donde encontrarte con tu ser y con aquellos a los que amas.

La pregunta «¿cuál es la dirección de tu vida?» puede entonces interpretarse de tres maneras:

— ¿Hacia dónde vas?

— ¿Quién te dirige hacia allí, quién es tu guía?

— ¿Dónde está tu hogar, tu amor, tu vida?

Y sobre el sentido también hay mucho que decir. Dotar de un sentido a tu vida supone ante todo tener la capacidad de darte cuenta de lo que ocurre y de dar un significado a eso que ocurre. Luego la pregunta «¿cuál es el sentido de tu vida?» se puede traducir en:

— ¿Cuál es el significado que le das a tu vida?

— ¿Eres consciente de lo que ocurre realmente en tu vida?

Todas estas preguntas, tanto las que hacen referencia a la dirección de la vida como a su sentido, se podrían resumir en una:

¿PARA QUÉ VIVES?

Dar una respuesta firme, simple y serena a esta pregunta es algo que sólo cada cual puede hacer. Nadie, absolutamente nadie, puede responder por ti.

Y cuando eres capaz de responderla... es cuando se hace muy fácil definir tus objetivos, tus siguientes pasos.

Porque le puedes dar a tu vida un significado, una finalidad, la que sea, pero una: la solidaridad, el conocimiento, la sabiduría, la caridad, el placer, la belleza, el poder económico, el poder fáctico, la trascendencia, la iluminación...

Cada cual puede elegir su camino. Y su salida de esta vida. Porque cada salida o final tiene un precio. Para ti y para los demás. Por eso vale la pena ser muy consciente de la elección de esa salida o final. Por cierto, ¿sabías que «salida» y «éxito» tienen mucho que ver, que «éxito» viene del latín «exitus», que significa «salida»? Fíjate, además, que en inglés «salida» se escribe *«exit»...*

Encontrar la dirección y el sentido de tu vida es un paso fundamental para la definición de tu noción del éxito. Lo cual no es fácil. Requiere tiempo, requiere reconocerse, escucharse, observarse, estar atento, tener paciencia, perseverar. Porque la definición de la dirección y sentido de la vida no llega de repente, por iluminación, como un *flash*, ni tampoco porque alguien que asegura quererte mucho te la susurra al oído... ¡No!

Llega como consecuencia del trabajo de encontrarse con uno mismo o una misma en lo más íntimo, en el fondo, en la esencia del ser, en el alma, en la «vocecita interior».

Por tanto, si la felicidad reside en encontrar la dirección y sentido de nuestra vida...

... ¿no crees que tendríamos que empezar a caminar en su búsqueda?

... ¿no crees que deberíamos hacer algo?

¿O quizás ya lo estamos haciendo?

Felizmente tuyo,

Álex

P. D. Querido jefe, lee por favor estas palabras de John Lennon que envío directamente a tu corazón: «La vida es lo que te sucede mientras estás haciendo otros planes».

Carta 16

El jefe...

«El desarrollo personal es la vuelta del individuo a sí mismo para desenmascararse y poder encontrarse con los otros desnudo de prejuicios...»

JORGE BUCAY

Queridísimo amigo, queridísima amiga:

Ha llegado el momento de quitarse las máscaras, de abandonar armaduras, de mostrarme como soy. De dejar atrás autoengaños, presiones y depresiones.

Ha llegado la hora de reconocer que mi jefe, ese al que he dirigido mis cartas desde el principio, soy yo mismo. Es decir, que ambos somos la misma persona. Que desde el principio me he estado escribiendo a mí, buscando unas respuestas que estaban y están en mi interior.

Ha llegado la hora, en definitiva, de aceptar que el jefe de mi vida soy yo, que la dirección la marco yo.

Y, de la misma forma, que...

¡EL JEFE DE TU VIDA ERES TÚ!

Y que has iniciado un trayecto único y nuevo.
Porque tú ya lo has hecho.
¿El qué?, te preguntarás...
Pues ya has empezado a andar.
No sé si te habías dado cuenta o no...
No sé si hace mucho o poco que estás andando.
Pero no hay duda de que estás en el camino.
En tu camino.
Incluso aunque no te lo parezca.
Lo estás.
¿Y sabes por qué?

Porque estás aquí, leyendo esto.
Porque este libro ha llegado a tus manos.
Y tú has ido leyendo hasta aquí.
Buscando respuestas.
Respuestas hacia una vida feliz.
Buscando la felicidad.
Buscando el éxito en tu vida.
Buscando darle una dirección y un sentido.
Buscándote a ti.

¡PORQUE LLEGAR A TI ES
EL ORIGEN DE TODA FELICIDAD!

¡Bienvenido! ¡Bienvenida!
¡Es un auténtico placer conocerte!
¡Es maravilloso encontrarnos en esta página!
¡Quién nos iba a decir que nos encontraríamos aquí!
¡En un papel!
Te lo digo de corazón: ¡gracias por estar aquí!
Por acompañarme.
A mí, que también busco.

Y que, a base de buscar, he llegado hasta aquí, hasta la profunda necesidad de compartir el proceso de la búsqueda de mi dirección contigo, que aquí y ahora estás leyendo.

Tú, yo y muchos otros compartimos una búsqueda.

La búsqueda...

Te felicito. Has llegado más lejos que muchos que andan perdidos... y ni tan sólo saben que lo están.

¡Enhorabuena!

Esto es realmente jugar a vivir la vida como una aventura.

La aventura de la búsqueda...

En los tiempos que corren es casi una hazaña tener la voluntad de encontrarte y apostar tiempo, corazón y neuronas por una vida inteligentemente feliz.

Hay muchos que todavía no se lo plantean o simplemente están resignados. Porque creen que no pueden hacer nada. Porque le han dado el poder de su vida a otros. O, simplemente, porque les va bien así...

Escucha bien: no hay ningún jefe. Sólo tú puedes ser tu jefe, de lo contrario no crecerías.

EL JEFE DE TU VIDA, EL VERDADERO Y ÚNICO RESPONSABLE DE TU VIDA... ERES TÚ.

Ni lo dudes.
Puedes aceptarlo o rechazarlo.
Puede gustarte o no.
Pero es así.
Es un principio universal.
Es una ley exacta.
Una ley esencial.
Una ley que recibe el nombre de Ley de la Responsabilidad.
Y puedes ignorarlo, aceptarlo o rechazarlo...

Pero si lo ignoras o lo rechazas, si rechazas la responsabilidad de tu vida y la pones en manos de otros, quedará como una asignatura pendiente que volverá y volverá pidiendo su aprobación, como un examen que se debe resolver para pasar a cursos más avanzados.

La asignatura de la responsabilidad llegará continuamente a ti llevada por el impulso de la vida hacia sí misma, llegará para plantearte la cuestión de ¿quién dirige tu vida?, o más ampliamente, ¿dónde está tu dirección?

Y esta pregunta no llega con palabras, llega con sentimientos y sensaciones... desagradables, dolorosos, confusos... Tu cuerpo te informa de que no sigues el rumbo adecuado porque dejas de ser feliz: estrés, enfermedad, angustia...

Porque cuando la vida que vives no es coherente con tus deseos más profundos, recibes mensajes que te dicen que alguna cosa no va bien. Y enfermas, física y/o anímicamente.

Hasta que decides «volver a casa», volver a tu verdadera dirección para escucharte y salir en busca de ti mismo, definiendo la que será tu dirección en el futuro.

Y con el tiempo, en un despertar progresivo, descubres un día el inmenso placer de encontrarte y de empezar a andar por tu camino, rumbo hacia tu dirección, dirigiendo tú cada paso que das. Tú, y no otro u otros.

Y ese día te dices, serena y felizmente:

YO DIRIJO MI VIDA.
Y DEFINO MI DIRECCIÓN.
PARTIENDO DE MI DIRECCIÓN ACTUAL,
DECIDO SER MI DIRECTOR,

DECIDO SER MI GUIONISTA.
A MI MEDIDA.
A MI MANERA.
DEFINIENDO MI FELICIDAD.
DEFINIENDO MI ÉXITO.

Y respetando cómo los demás deciden vivir su vida.

Así que sigamos buscando, sigamos avanzando, ya que desde este punto hay aún mucho camino por andar.

Tuyo,

Álex

P. D. A partir de ahora, mis cartas irán dirigidas a ti. De hecho, desde el principio han ido dirigidas a ti. O, mejor, al jefe que hay en ti. A esa capacidad de reconocer tu dirección actual y tu brújula interior.

Decía Marcel Proust: «*La sabiduría no nos es dada y debemos descubrirla por nosotros mismos tras un viaje que nadie puede evitarnos recorrer*».

Te invito a seguir leyendo.

Porque todavía deseo compartir mis pensamientos contigo... compartir, que es partir contigo.

Carta 17

Tu mejor obra: el guión de tu vida

«No es posible asegurar el futuro. Sólo es posible perder el presente.»

IVAN KLIMA

Amigo/a lector/a:

Tu futuro depende de muchas cosas, pero principalmente de ti.

De tu capacidad de generar cambios en ti y en tus circunstancias.

De tu capacidad y voluntad para pasar de ser efecto a ser causa.

Y, sobre todo, de tu determinación para asumir la dirección de tu vida realizando los cambios y renuncias que sean necesarios para ello.

Porque la consecución de la verdadera libertad llega cuando somos capaces de renunciar a lo que somos en favor de lo que podemos llegar a ser.

Pero ¿cómo vislumbrar lo que podemos llegar a ser?

Para responder a esta pregunta tenemos que hablar de cine, de personajes y, sobre todo, de guiones...

Seguro que cuando vas al cine y ves una buena película, al acabar necesitas unos segundos para volver en ti. Si la película te ha emocionado, las lágrimas aún estarán en tus ojos. Si te ha generado rabia, aún tendrás la mandíbula apretada. Si iba de héroes y batallas, te sentirás capaz de salir a conquistar el mundo... Sin darte cuenta te has *metido* en el personaje, te has metido a fondo en su piel, te has identificado con él, es decir, has hecho tuyas su identidad y sus circunstancias, sus dramas, sus alegrías, sus aventuras y desventuras...

Pues bien, el doctor Eric Berne observó hace tiempo que todas las personas a las que acompañaba en su proceso de terapia psicológica actuaban siguiendo lo que él denominó un «guión de vida», que es como el argumento preestablecido de una obra dramática que la persona se siente *obligada* a representar, independientemente de si se identifica o no con *su* personaje.

Fíjate que dice obligada. Y es que cuando uno está representando un guión lo que está haciendo es actuar según la definición del personaje que ha sido escrita por otro. En consecuencia, si quiere seguir siendo ese personaje no puede salirse del guión, porque si lo hace sentirá que deja de tener un papel en la obra, un papel en la vida... y eso es insoportable.

¿Cómo se crea el guión de vida de una persona?

Lo establece el niño durante su infancia, bajo la influencia sobre todo de sus padres o de las personas que hacen en todo o en parte esa función: abuelos y abuelas, maestros y maestras, hermanos y hermanas mayores, etc. Dicho guión se va reforzando por las diferentes experiencias y acontecimientos que el niño va viviendo a medida que crece.

Afortunadamente, los guiones de vida (como los cinematográficos en el momento de ser escritos) no están cerrados, sino que pueden ser modificados. Y lo que es más importante, ese cambio de guión se realiza cuando el nuevo guionista decides ser tú, reescribiendo el guión a tu gusto, según tus deseos de cómo quieres vivir tu vida. Escribiendo con lápiz y goma de borrar al lado para poder modificarlo sobre la marcha según te convenga.

Esto, que no es sencillo, se consigue a raíz de un proceso de toma de conciencia, de un trabajo de observación de uno mismo y de una constatación de cuáles son los elementos o los hilos que mueven a la marioneta, al personaje: a tu personaje.

Dado que es en la infancia más tierna cuando se establecen las bases de la famosa autoestima, del valor propio y del valor de los demás (es decir, cuando se genera tu guión de vida) se trata de que te remontes a esa época y tomes conciencia de cuál es tu guión, de que lo investigues, de que lo descubras y, consecuentemente, de que te des cuenta de...

... si tu deseo es el tuyo o es el de papá y/o mamá;

... si vives la vida que quieres o la que te dijeron que te tocaba vivir;

... si trabajas en lo que te gusta o «en lo que tocaba»;

... si tus creencias en relación con la pareja, el sexo, la religión, la política, el placer, la prosperidad, etc., son tuyas o de tu padre y/o tu madre (o se definen a la contra de las creencias de tu padre y/o madre, lo cual implica estar igualmente enganchado a un guión).

Y, sobre todo, intenta darte cuenta de si te sientes bien o mal con todo ello.

Te invito a que analices cómo funcionan en ti los «impulsores» de los que te hablé en la carta 12. También en esa carta te hablaba de los continuos «noes» que recibe un niño y que condicionan su posición ante la vida. Esto, de forma desarrollada, sería lo que algunos psicólogos llaman «los mandatos».

Según Berne, los mandatos son los mensajes que llegan al niño (sobre todo de forma no verbal) a base de ser repetidos día tras día por sus padres o por las personas que tienen una fuerte influencia emocional en él, o excepcionalmente a causa de una circunstancia vivida como dramática.

Berne y otros expertos sobre guiones de vida han definido una serie de mandatos básicos:

1. «No existas, no vivas o no seas». Es sin duda el más destructivo de todos, ya que tiende a anular todas las posibilidades de la persona. Puede comunicarse mediante conductas como: dejar sólo al niño o bebé durante largo tiempo; burlarse de él cuando se lastima o está en peligro; mirarlo despectivamente, y no tocarlo ni acariciarlo... en definitiva, no reconociéndolo, ignorándolo o banalizando su existencia. También es posible transmitir este mandato repitiendo continuamente que la vida es dura, que «tiene que ganarse», que sólo se vive para sufrir, etc.

2. «No seas lo que eres o no seas tú mismo/a.» Una persona de diferente sexo, de diferente aspecto, con mejor tipo, más alta... Son niños a los que se fuerza a ocupar una posición deseada por los padres distinta a la de su propia naturaleza.

3. «No lo logres.» Se manifiesta como consecuencia de un gran temor de los padres al logro, al éxito, a la realización.

4. «No sabes» (o su variante extendida «no sabes hacerlo»). Es el caso de los padres que desprecian sistemáticamente los logros de sus hijos comparándolos con los de otros niños, con los de adultos o con los de los propios padres.

5. «No te acerques.» Normalmente aparece ante la dificultad de los padres de mantener el contacto físico y de dar caricias a sus hijos. Este mandato desemboca en comportamientos de aislamiento, de no pertenencia, en dificultades para establecer relaciones de amistad, íntimas...

6. «No pertenezcas.» Por desgracia, muy observado en personas que deciden no relacionarse con nadie. Normalmente es un mecanismo de defensa ante el pánico e insoportable dolor que supone el rechazo o la no aceptación del otro.

7. «No crezcas.» Cuando los padres impiden al niño que asuma tareas y funciones propias de un desarrollo físico y psicológico natural. Típica situación de aquellos padres que sobreprotegen a sus hijos o se lo hacen todo, creando una dependencia incluso cuando el niño se convierte en adulto. Aquí tenemos el complejo de Peter Pan, por el cual la persona ya cronológicamente adulta se mantiene con una actitud pueril ante la vida, negándose psicológicamente a crecer: conductas hedonistas y excesivamente infantiles, falta de sentido de responsabilidad, incapacidad para una vida autónoma e incapacidad de tomar decisiones que impliquen un compromiso.

8. «No seas niño/a.» Es el opuesto al anterior, aunque no son incompatibles. Se fuerza al niño a que abandone sus necesidades naturales en la infancia para, de repente, convertirse en un adulto y a menudo ocuparse de las necesidades de otros: hermanos menores, familiares enfermos o padres que, gobernados por un «no crezcas», actúan como niños.

9. «¡No!» (o «no lo hagas»). Acostumbran a transmitirlo personas que, pese a que piensan y sienten, no hacen. Dubitativos, vacilantes, viven el hacer como un riesgo. En el fondo de este mandato hay pánico hacia el placer.

10. «Tus necesidades no son importantes» (o «no importas»). Tristemente, éste es uno de los mandatos que se observarán cada vez más, ya que aparece sobre todo entre aquellos padres que dicen no tener tiempo para sus hijos. El niño que por la ausencia de sus padres interpreta un «no podemos estar por ti» asume lo siguiente: «No importo». Con lo cual no se dará el permiso de importar, de ser tenido en cuenta, de que se cuente con él cuando sea adulto.

11. «No vales.» Aparece cuando los padres, en el fondo, no querían tener un niño, sino parir a Dios en persona. Detrás de este mandato hay una exigencia de perfección que aparece para compensar un profundo sentimiento de impotencia y falta de autoestima por parte de los padres. De este modo, engendran a alguien que esperan que sea un niño/a prodigioso, una especie de Supermán.

12. «No pienses.» Cuando las preguntas del niño son ignoradas, respondidas burlonamente o de manera inadecuada es cuando se está transmitiendo este mandato. También se genera cuando el niño observa precisamente este mandato de manera repetida en la vida de sus padres, es decir, observa que ellos no piensan. El riesgo de tener ideas propias, o de tener un pensamiento distinto a los progenitores con relación a temas clave o tabú como la religión o el sexo, puede ser vivi-

do como altamente peligroso por los padres. Este mandato se estructura a varios niveles: desde el «no pienses lo que piensas» hasta el «no pienses del todo».

13. «No sientas.» Se manifiesta cuando la emoción está desterrada por miedo o porque estuvo prohibida en el hogar de los propios padres.

14. «No me superes.» En caso de rivalidades no resueltas o de celos de los padres hacia los hijos cualquier progreso de un hijo puede ser vivido por el padre o la madre como una pérdida de su propio valor. Por desgracia, es muy frecuente observar cómo hay padres que no saben digerir la primera derrota deportiva, lúdica o intelectual frente a su hijo/a. En tal caso abandonan la partida, se enfadan, y pueden llegar a negarse a reconocer la derrota o a volver a jugar.

15. «No disfrutes.» Cuando el placer está prohibido, bien porque gozar se considera pecado, bien porque disfrutar se interpreta como el preludio de una desgracia posterior.

Llegados a este punto, la cuestión es: ¿estos mandatos van a estar siempre ahí, bloqueando, inhibiendo, reprimiendo, limitando el sano desarrollo psicológico y la capacidad de vivir una vida con mayor grado de espontaneidad, de intimidad, de conciencia...? ¿Son los guiones de vida cerrados? La respuesta es, afortunadamente, ¡no!

Cada mandato tiene su reverso, esto es, un permiso:

1.- El permiso de vivir, de existir, de ser.
2.- El permiso de ser uno mismo.
3.- El permiso de lograr.
4.- El permiso de saber.
5.- El permiso de acercarse.
6.- El permiso de pertenecer.
7.- El permiso de crecer.
8.- El permiso de ser niño.
9.- El permiso de hacer.
10.- El permiso de ser importante e importar.
11.- El permiso de valer.
12.- El permiso de pensar.
13.- El permiso de sentir.
14.- El permiso de superar y superarse.
15.- El permiso de disfrutar.

El permiso es esencial en el proceso de cambio y de desarrollo personal y de modificación del guión de vida. Lo integramos cuando revocamos la decisión de seguir los mandatos parentales, una vez éstos han sido identificados y reconocidos como bloqueantes o inhibidores de nuestro deseo. Es decir, una vez que hemos aceptado que están condicionando nuestra manera de percibirnos a nosotros mismos y a los demás, y en consecuencia afectando nuestro comportamiento aquí y ahora.

Probablemente el primer permiso que uno puede darse es el de vivir (más allá de «ganarse la vida»), para luego ir avanzando sobre los demás permisos e ir asumiendo poco a poco la capacidad de generar cambios a través de la responsabilidad sobre la propia vida.

Sólo cuando tenemos el coraje de reconocer que llevamos el timón podemos conducir al barco hacia el puerto que deseamos. Es decir, podemos elegir. Pero para ello se necesita también el coraje de plantearse si las creencias, convicciones y valores sobre los que tenemos construida nuestra vida actúan como mordazas limitadoras.

Estas convicciones son los principales frenos que tenemos hacia la dirección de nuestra vida y hacia la consecución de aquellas circunstancias que nos harán felices, manifestando ese ser único que es cada persona.

Porque, sin ninguna duda, tú eres un ser único. Y sería una verdadera lástima que la definición de lo que tú eres la pusieras en manos de otros.

SI LO DESEAS, PUEDES REESCRIBIR TU GUIÓN.

(¡Busca papel, lápiz y una goma de borrar!)

Consolida en ti un guión de vida lleno de permisos.

Si lo deseas, puedes empezar a mostrar tu luz...

«¡Que tu luz brille por siempre, porque tú te lo mereces!», dice una bella canción.

¡Que así sea!

Álex

P. D. Hay un relato de Anthony de Mello que es ideal para cerrar esta carta. Tiene que ver con lo que creemos ser y con los guiones de vida. Y dice así:

Un hombre se encontró un huevo de águila. Se lo llevó y lo colocó en el nido de una gallina de corral. El aguilucho fue incubado y creció con la nidada de pollos.

Durante toda su vida el águila hizo lo mismo que hacían los pollos, pensando que era un pollo. Escarbaba la tierra en busca de gu-

sanos e insectos, piaba y cacareaba. Incluso sacudía las alas y volaba unos metros por el aire, igual que los pollos. Después de todo ¿no es así como vuelan los pollos?

Pasaron los años y el águila envejeció. Un día divisó muy por encima de su cabeza, en el límpido cielo, una magnífica ave que flotaba elegante y majestuosamente por entre las corrientes de aire, moviendo apenas sus poderosas alas doradas.

La vieja águila miraba asombrada hacia arriba. «¿Qué es eso?», preguntó a una gallina que estaba junto a ella. «Es el águila, la reina de las aves», respondió la gallina. «Pero no pienses en ella. Tú y yo somos diferentes.»

De manera que el águila no volvió a pensar en ello. Y murió creyendo que era una gallina de corral.

El riesgo de morir creyéndonos gallinas es muy grande, porque son muy pocos los que de verdad se atreven a volar...

Como diría mi buen amigo Alfredo Caputo, desde Buenos Aires: «Existe un gran pánico a la caída, al golpe, pero la verdadera protección está en las alturas. Especialmente cuando hay hambre de elevación... y buenas alas».

Y si el miedo aparece ocasionalmente, no te preocupes: si de verdad estás en tu camino, el fin justificará los «miedos».

Así que... ¡VUELA!

Carta 18

Pasión y vocación

«La jubilación es para la gente que se ha pasado toda una vida odiando lo que hacía. Mi sueño más salvaje es tener noventa años y poder continuar así, haciendo una película al año, durante muchos años más.»

WOODY ALLEN

«Tu trabajo es descubrir tu trabajo y luego entregarte a él con todo tu corazón.»

RABINDRANATH TAGORE

Querido amigo, querida amiga:

Decía Sören Kierkegaard que «la decepción más común es no escoger o no poder ser uno mismo, pero la forma más profunda de decepción es escoger ser otro antes que uno mismo».

Cuando logramos aceptarnos como somos y decidimos mostrarnos, todo empieza a funcionar.

Y no te quepa duda: la idea que tenemos de nosotros mismos acostumbra a ser más pobre de lo que realmente somos.

Porque esa parte de ti que está esperando que le des el poder de dirigir tu vida, consciente, voluntaria y adultamente... es la suma de tu consciente e inconsciente apuntando en una misma dirección y sentido.

Y ésa es la energía más poderosa del mundo. Porque de ella emana la creatividad y la capacidad de transformar la realidad...

Ésa es la verdadera magia.

Luego...

DEJA DE HACER LAS COSAS QUE TE ALEJAN DE TU FELICIDAD.

Es mucho más fácil identificar lo que no quieres que lo que quieres. Así que puedes empezar por ahí.

Y una vez lo hayas hecho, di sin miedos ni tapujos que tu objetivo en la vida es vivirla y disfrutarla de acuerdo con tu pasión. Será un acto de profunda honestidad y valentía.

Cuando unas esa pasión con el uso de tus talentos únicos, la prosperidad llegará y se desplegará abundantemente. Por lo que he podido observar, las personas que trabajan en lo que les apasiona expresan óptimamente las capacidades que llevan dentro, sus talentos. Para ellas, el trabajo es un medio para desarrollar la inmensa capacidad de realización que tiene el ser humano.

Richard Bach, el autor de *Juan Salvador Gaviota*, dijo en cierta ocasión: «Cuanto más quiero hacer una cosa, menos lo llamo trabajo».

El trabajo así vivido, desde el «quiero» y no desde el «debo», constituye, pues, un medio extraordinario de satisfacción, de placer, como todo lo que supone satisfacer las necesidades básicas.

Todas las necesidades básicas del hombre van acompañadas de placer cuando son satisfechas. Es más, el único placer que existe, real, auténtico, legítimo, es el resultado de satisfacer las necesidades reales de la persona. Lo cual es una forma ideal de que esta persona se desarrolle y crezca.

El trabajo es entonces una expresión espontánea y creadora. Deja de ser un medio «para ganarse la vida» y se convierte en el verdadero medio para expresar lo mejor de uno, para crear.

En el otro extremo está el trabajo como deber, que nace como consecuencia de vivir una amenaza permanente de pérdida, que requiere un esfuerzo, una competencia agotadora y constante. Porque muchas veces, vocación y profesión van por caminos muy distintos y separados... Sólo tienes que recuperar mis primeras cartas para saber lo que pienso sobre esto.

Cuando uno no descubre su vena profunda y no halla lo mejor de sí es muy difícil que se manifieste la prosperidad.

Cuando no sintonizas con la frecuencia de tu pasión, las oportunidades pueden pasar ante ti sin que las veas, o las ves pero no puedes sacarles todo el partido porque sigues siendo esclavo del miedo, del «salario del miedo»... y pierdes la posibilidad de vivir un día a día apasionante.

Cada cual tiene una nota única en la sinfonía de la vida... y esa nota sólo la puede tocar cada uno cuando vive la vida con pasión por lo que hace. Es en ese momento cuando te conviertes en causa y dejas de ser efecto.

Luego en un sentido profundo, el trabajo debería ser la expresión de la vocación genuina de la persona, de su pasión... la expresión de ese o esos talentos, aptitudes y habilidades singulares y naturales... Y todo ello dentro de un guión de vida escrito por uno mismo.

Tú vales toda la dedicación necesaria para descubrir tu propósito y planificar una estrategia que te conduzca hasta él.

La vida tiene mucho que darte.

Recibe un apasionado saludo.

Álex

P. D. Dijo Nelson Mandela: «No podrás encontrar ninguna pasión si te conformas con una vida que es menos de la que eres capaz de vivir». Por favor, no se te ocurra abandonar la partida de tu vida. Y no te conformes con un resultado de tablas... Estás jugando tanto a tu favor como contra ti. Si pierdes, pierdes por partida doble. Si ganas, ganas por partida doble... ¡o infinitamente más! De hecho, no sólo eres tú el que gana o pierde, ya que el resultado afecta a todos los demás.

Carta 19

Mil maneras diferentes de no hacer una bombilla

«La gente que dice que no se puede hacer no debería interrumpir a quienes lo están haciendo.»

THOMAS ALVA EDISON

Querido/a lector/a:

Siempre he pensado que lo que convierte a alguien en un genio es la capacidad de hacer obvio lo que hasta el momento estaba oculto y a la vez era evidente.

Que la Tierra gira alrededor del Sol hoy está fuera de toda duda. Que la gravedad existe, es un hecho. Que la sangre circula por nuestro cuerpo, también. Que nuestros genes y los de los monos tienen muchísimo en común, es obvio (a veces, descaradamente obvio). Que hay recuerdos y vivencias del pasado que no somos capaces de evocar porque resultan muy dolorosas y en algunos casos insoportables, es tristemente evidente…

Los genios miran la realidad de una manera diferente. Utilizan su cerebro para imaginar, para crear, partiendo de datos fiables y contrastables. Luego traducen sus descubrimientos a un lenguaje comprensible para todos. Parece fácil, pero para ello hacen falta cuatro cosas:

— Saber pensar: tener modelos de referencia.

— Tener buena información: preguntar, observar, escuchar y en definitiva ayudarse de los sentidos.

— Arriesgarse a salir de lo conocido hasta el momento (se necesita coraje).

— Y, sobre todo, arriesgarse a comunicarlo (se necesita mucho coraje, que se lo digan si no a Copérnico, Galileo, Newton, Einstein, Servet, Darwin, Freud, Mandela y tantos otros que fueron ignorados e incluso perseguidos en su tiempo, cuando decidieron mostrar una nueva manera de comprender al hombre y al universo).

Pero hay un ingrediente más. *Last but not least*, o sea, que no por mencionarlo el último es el menos importante. Es la perseverancia.

En las biografías de *madame* Curie, Thomas Edison, Albert Einstein, Santiago Ramón y Cajal, Antoni Gaudí, Sigmund Freud... se constata que todos los hoy considerados genios perseveraron y trabajaron mucho en sus proyectos.

Y aunque cuando pensamos en ellos sólo nos vienen a la cabeza los clichés de sus éxitos, conviene recordar que antes de esos éxitos hubo... ¡fracasos! Un ensayo y error, una preparación, una tenacidad y una gran fe en el resultado.

Decía, brillante, Giacomo Leopardi que «la paciencia es la más heroica de las virtudes, precisamente porque carece de toda apariencia de heroísmo». ¡Cuánta verdad!

Es famoso el hecho de que Edison realizó más de mil intentos antes de lograr su primera bombilla eléctrica (piénsalo despacio, mil intentos: uno, dos, tres...). Cuando alguien le preguntó cómo era capaz de perseverar en el intento tras tantos fracasos su respuesta fue firme, irónica y contundente: «Perdone que le corrija. No he fracasado ni una sola vez. De hecho, ahora conozco mil maneras diferentes de no hacer una bombilla».

Muy pocos nacen siendo genios... Detrás de la genialidad hay una creatividad que muchas veces procede de la perseverancia, paciencia y especialización que escasos humanos son capaces de alcanzar. Pablo Picasso lo dejó muy claro: «No sé en qué momento llegan la inspiración y la creatividad... Lo que sé es que hago todo lo posible para que, cuando lleguen, me encuentren trabajando».

Para vivir «oportunidades geniales» es imprescindible que seamos perseverantes a la hora de intentar sacar provecho de los talentos o habilidades que tenemos y del entusiasmo que nace cuando hacemos de nuestra pasión el objeto de nuestro trabajo.

Las casas no se construyen de golpe ni caen del cielo. Las construcciones más sólidas e impresionantes, como las catedrales, se forman piedra a piedra y dejando tiempo, años, para que se vayan asentando en el terreno.

PARA QUE LAS OPORTUNIDADES SEAN SÓLIDAS,
SE TIENEN QUE REVESTIR CON EL CEMENTO
DE LA PERSEVERANCIA

No me malinterpretes: no digo que tengamos que ser genios. Sólo que podemos aprovechar y seguir su ejemplo. Si ellos fueron tenaces, ¿qué no tendremos que hacer nosotros?

Puedes invertir tu tiempo en resignarte y quejarte o puedes aprovecharlo para hacer realidad tus sueños. Eso sí, lo segundo implica dedicación, trabajo y voluntad de hacerlo bien.

Recuerda: lo que nos dificulta o impide realizar nuestros anhelos somos nosotros mismos. Los demás pueden ser la excusa perfecta para argumentar nuestra ausencia de logros.

Muy afectuosamente,

Álex

P. D. «¿Amas la vida? Pues no puedes malgastar tu tiempo, porque de eso está hecha la vida», dijo Benjamin Franklin. Y un relato lo ilustra así:

Mi meta estaba a 1.000 km. Un poco lejos, en efecto. Así que partí de donde estaba, definí el rumbo y empecé a andar.

Ocurrió que cuando estaba justo en la mitad, cuando llevaba ya recorridos 500 kilómetros, me desanimé. Me sentía cansado y no veía el final.

Así que decidí regresar al punto de partida, volviendo sobre mis pasos y recorriendo de vuelta los 500 kilómetros andados en la ida.

Cuando llegué al origen de mi viaje me sentí cansado, triste y desanimado, porque todo el esfuerzo hecho y el tiempo dedicado no había servido de nada.

Me paré por un momento a pensar, cosa que no había hecho cuando decidí volver... ¡y me di cuenta de que era un completo imbécil!

Porque había andado 1.000 kilómetros y estaba donde al principio, mientras que si los hubiera andado hasta el final me habrían llevado hasta mi objetivo.

Por tanto,

PERSEVERA... Y NO LO DEJES PARA MAÑANA.

Porque mañana será un hoy y tendrá también un mañana... Que nunca se convertirá en hoy... Es mejor dar el primer paso hoy, aquí y ahora... ¡ya!

Carta 20

¿Mala suerte? ¿Buena suerte? ¡Quién sabe!

«El 90 por ciento del éxito simplemente se basa en insistir.»

WOODY ALLEN

Apreciado amigo, apreciada amiga:

Lo que a veces puede parecer algo negativo, un obstáculo, un freno, un revés a lo que consideras tu propósito, una experiencia vivida como fruto de la mala suerte, quizá sea en realidad lo mejor que te podía ocurrir...

En relación con ello, quiero contarte uno de mis cuentos favoritos. Lo encontré en el libro *Ligero de equipaje*, de Carlos G. Vallés, S. J. Dice así:

Una historia china habla de un anciano labrador que tenía un viejo caballo para cultivar sus campos.

Un día, el caballo escapó a las montañas. Cuando los vecinos del anciano labrador se acercaron para condolerse con él y lamentar su desgracia, el labrador les replicó: «¿Mala suerte? ¿Buena suerte? ¡Quién sabe!».

Una semana después, el caballo volvió de las montañas trayendo consigo una manada de caballos salvajes. Entonces los vecinos felicitaron al labrador por su buena suerte. Éste les respondió: «¿Mala suerte? ¿Buena suerte? ¡Quién sabe!».

Cuando el hijo del labrador intentó domar uno de aquellos caballos salvajes, cayó y se rompió una pierna. Todo el mundo consideró aquello como una desgracia. No así el labrador, quien se limitó a decir: «¿Mala suerte? ¿Buena suerte? ¡Quién sabe!».

Unas semanas más tarde, el ejército entró en el poblado y fueron reclutados todos los jóvenes que se encontraban en buenas condiciones. Cuando vieron al hijo del labrador con la pierna rota, le dejaron tranquilo. ¿Había sido buena suerte? ¿Mala suerte? ¡Quién sabe!

Todo lo que a primera vista parece un contratiempo puede ser un disfraz del bien. Y lo que parece bueno a primera vista puede ser realmente perjudicial.

Si adoptamos la actitud del anciano labrador, el rumbo que elijamos será mucho más fácil de seguir y viviremos mucho más felices.

Hay que despreocuparse de la suerte (que puede ser mala, buena... o inexistente) y avanzar sin pensar en esas fuerzas ocultas y misteriosas que, según creen algunos, gobiernan nuestras vidas.

Sólo así, confiadamente, podremos, como dijo Verdi, «mostrar la música que llevamos dentro».

¡Así que adelante! ¡Danos el placer de escuchar tu música, de contemplar tu obra, de ver tu proyecto, de construir tu sueño!

Y SI ALGO OCURRE EN TU RUMBO Y LO VIVES COMO UN REVÉS, PIENSA: «¿BUENA SUERTE? ¿MALA SUERTE? ¡QUIÉN SABE!».

La suerte, en cierta forma, podemos crearla. Utilizando la visualización. Los mejores atletas del mundo son grandes visualizadores, ven, sienten, viven y experimentan con su imaginación antes de ir al estadio.

Visualiza, es decir, imagina con claridad lo que quieres que sea tu trabajo, tu proyecto de vida, tu propósito. Imagina que aquello que anhelas ya está realizado y que estás disfrutando de ello.

Imagina las circunstancias que deseas, aquellas con las que te sentirías en tu rumbo, plenamente feliz.

Mantén esas imágenes en tu mente y evoca los sentimientos y sensaciones de alegría, bienestar, tranquilidad, humor, plenitud, etc., que sentirías viviéndote en esas circunstancias. Recuerda que el inconsciente es tu mayor aliado y su lenguaje es el de la imaginación. Activa en él la búsqueda de esas circunstancias que tanto anhelas, trabaja para conseguirlas y no dudes de que él hará todo lo posible para complacerte.

Esta actitud de afirmación positiva irá venciendo tus propios miedos y dudas, y por simpatía o sintonía atraerá a aquellas personas y circunstancias que van a contribuir a la realización de esa demanda, más cuando se trate de una demanda buena y positiva para ti y para los demás.

Te invito a que lo pruebes con pequeñas cosas, si quieres. Y verás lo que es la magia...

Recibe un fuerte abrazo, cálido y muy afectuoso.

Álex

P. D. Si tuviera que elegir mis preferidas de entre todas las frases, citas, poesías y oraciones hermosas que he leído y oído, en libros, canciones, películas y a través de la tradición oral, la que voy ahora a compartir contigo estaría entre las primeras. O quizá sería la primera.

Se la conoce como *La invitación*, y corresponde a un libro del mismo título que te recomiendo vehementemente. La escribió Oriah Mountain Dreamer, una mujer canadiense conocedora de las costumbres y creencias de los indios norteamericanos.

La invitación es como una oración que, súbitamente, me pone en contacto con aquello que sé esencial en mí... con aquel llamémosle «lugar» en el que, desnudo de todo lo accesorio, lo único que queda es lo realmente importante..., el lugar donde está mi verdadero yo.

Acógela como un regalo que un buen día nos hizo Oriah a toda la humanidad... y hasta la próxima carta.

No me interesa saber cómo te ganas la vida. Quiero saber lo que ansías, y si te atreves a soñar con lo que tu corazón anhela.

No me interesa tu edad. Quiero saber si te arriesgarías a parecer un tonto por amor, por tus sueños, por la aventura de estar vivo.

No me interesa qué planetas están en cuadratura con tu Luna. Quiero saber si has llegado al centro de tu propia tristeza, si las traiciones de la vida te han abierto o si te has marchitado y cerrado por miedo a nuevos dolores. Quiero saber si puedes vivir con el dolor, con el mío o el tuyo, sin tratar de disimularlo, de atenuarlo ni de remediarlo.

Quiero saber si puedes experimentar con plenitud la alegría, la mía o la tuya, si puedes bailar con frenesí y dejar que el éxtasis te penetre hasta la punta de los dedos de los pies y las manos sin que tu prudencia nos llame a ser cuidadosos, a ser realistas, a recordar las limitaciones propias de nuestra condición humana.

No me interesa saber si lo que me cuentas es cierto. Quiero saber si puedes decepcionar a otra persona para ser fiel a ti mismo; si podrías soportar la acusación de traición y no traicionar a tu propia alma (...).

Quiero saber si puedes ver la belleza, aun cuando no sea agradable, cada día, y si puedes hacer que tu propia vida surja de su presencia.

Quiero saber si puedes vivir con el fracaso, el tuyo y el mío, y de pie en la orilla del lago gritarle a la plateada forma de la luna llena: «¡Sí!».

No me interesa saber dónde vives ni cuánto dinero tienes. Quiero saber si puedes levantarte después de una noche de aflicción y desesperanza, agotado y magullado hasta los huesos, y hacer lo que sea necesario para alimentar a tus hijos.

No me interesa saber a quién conoces ni cómo llegaste hasta aquí. Quiero saber si te quedarás en el centro del fuego conmigo y no lo rehuirás.

No me interesa saber ni dónde ni cómo ni con quién estudiaste. Quiero saber lo que te sostiene, desde el interior, cuando todo lo demás se derrumba.

Quiero saber si puedes estar solo contigo y si en verdad aprecias tu propia compañía en momentos de vacío.

Carta 21

La medida del éxito es el éxito a tu medida

«No trates de hacerlo... ¡hazlo! De lo contrario, ni siquiera vale la pena que lo intentes.»

Maestro Joda a Luke Skywalker en *El imperio contraataca*,
de GEORGE LUCAS

Querido/a amigo/a:

Demasiado a menudo la complicación de la vida obedece al «efecto rebaño», a la incapacidad de pensar por nuestros propios medios, a estar más pendientes de las cosas que de nosotros y a buscar el perverso éxito social, la fama o como quieras llamar a ese engañoso espejismo.

El «efecto rebaño» puede llevarnos a querer medir nuestra capacidad de logros en base al éxito social. O a la imagen de este éxito que se nos transmite: pasarse el día jugando a golf, viajar en coches deportivos, rodearse de *glamour*...

Mientras que el éxito inteligente consiste más bien en ir descubriendo progresivamente el propósito de nuestra vida y disfrutar de cada paso, de estar en el camino.

A algunas personas este éxito inteligente les llevará a una vida sencilla y a otras al *glamour*... Dependerá de cada uno.

En cualquier caso, lo que importa es que sientas que vives tu vida, que estés en paz con tu interior y que contribuyas abiertamente a crear una sociedad mejor.

La realización profesional es muy importante, ya que la profesión ocupa mucho tiempo de nuestra vida, casi la mitad del tiempo que pasamos despiertos (y para una gran cantidad de personas, bastante más de la mitad de ese tiempo).

Por tanto...

DEFINE EL ÉXITO A TU MANERA Y A TU MEDIDA.

No dejes que sean otros los que digan cómo ha de ser tu éxito.

Porque otros te dirán dónde llegar... pero no te dirán cómo, no te definirán el rumbo.

Si se lo permites entrarás en un laberinto, en una carrera que no es la tuya, por la que pagarás un precio muy alto... Y nunca ganarás.

El rumbo sólo lo encuentras cuando eres tú quien define el éxito a tu medida.

Tu éxito significa tu finalidad en la vida.

Encuéntrate, reconócete, sé tú...

Eso te hará ser único o única.

Y la vida te premiará por ello más de lo que puedas imaginar hoy.

Deja de ser lo que *crees* que los otros quieren o esperan que seas.

Piensa que sólo hay una cosa más volátil y combustible que la gasolina: el éxito social, que se esfuma rápidamente porque sólo es un sucedáneo de la verdadera felicidad.

Las librerías están llenas de libros de motivación especialmente pensados para personas que se aburren hasta el extremo haciendo un trabajo que simplemente odian. Esas personas lo tienen muy difícil para motivarse. Y corren el riesgo de acabar haciendo suyo el motivo de otro.

Sería una verdadera lástima, más aún, una tragedia insoportable, que justo antes de morir dijeras: «¡Podría haber sido tan feliz! ¡Tuve tan buenas ideas! ¡Me gustaba tanto hacer tal cosa, se me daba tan bien que...!».

¡No me digas!

¡Haberlo pensado antes!

Justo ahora que se baja el telón vas y dices que te hubiera gustado que fuese distinto...

Seamos prácticos: para saber si vocación y profesión coinciden, plantéate si seguirías haciendo lo mismo si, de repente, por herencia o lotería, te cayesen del cielo diez millones de euros.

Si respondes sí, ya tienes esa cifra, porque estás haciendo lo que te gusta. O porque no le das importancia al dinero. Dicho de otra manera, porque el dinero no paga tu pasión.

Con mis mejores deseos de éxito.

Álex.

P. D. Escribe Elisabeth Kübler-Ross en su libro *La rueda de la vida*: *«Es muy importante que hagáis lo que de verdad os importe. Sólo así podréis bendecir la vida cuando la muerte esté cerca»*. Probablemente, ésta es la mejor definición de éxito que se ha hecho nunca.

Carta 22

Cuando el éxito llega *de repente*

«Vivimos en un tiempo en el que se pretende que el rosal crezca rápidamente tirando de sus hojas... La felicidad es inversamente proporcional a la aceleración.»

Raimon Panikkar

Querido amigo, querida amiga:

Cosechamos lo que sembramos y cada cosecha tiene su tiempo de crecimiento y de maduración. No hay atajos. Abundando en el tema de la perseverancia y la paciencia, quiero compartir contigo algo genial que me envió una vez mi buen amigo Alfredo Caputo. Tiene que ver con la importancia de cuidar los anhelos y deseos, de regarlos, de alimentarlos para que algún día crezcan y se manifiesten esplendorosamente. Espero que lo disfrutes tanto como yo cuando lo leí por primera vez. Se titula *El bambú japonés*. Y dice así:

No hay que ser agricultor para saber que una buena cosecha requiere de buena semilla, buen abono y riego constante.

También es obvio que quien cultiva la tierra no se para impaciente frente a la semilla sembrada y grita con todas sus fuerzas: «¡Crece, maldita seas!».

Hay algo muy curioso que sucede con el bambú japonés y que lo trasforma en no apto para impacientes. Siembras la semilla, la abonas y te ocupas de regarla constantemente. Durante los primeros meses no sucede nada apreciable. En realidad, no pasa nada con la semilla durante los primeros siete años, a tal punto que un cultivador inexperto estaría convencido de haber comprado semillas estériles. Sin embargo, durante el séptimo año, en un periodo de sólo seis semanas, la planta de bambú crece... ¡más de 30 metros!

¿Tarda sólo seis semanas en crecer?

¡No! La verdad es que se toma siete años para crecer y seis semanas para desarrollarse. Durante los primeros siete años de aparente

inactividad, este bambú genera un complejo sistema de raíces que le permiten sostener el crecimiento que vendrá después.

En la vida cotidiana, muchas personas tratan de encontrar soluciones rápidas, triunfos apresurados sin entender que el éxito es simplemente resultado del crecimiento interno y que éste requiere tiempo.

Quizá por la misma impaciencia, muchos de aquellos que aspiran a resultados a corto plazo abandonan súbitamente justo cuando ya estaban a punto de conquistar la meta. Es tarea difícil convencer al impaciente de que sólo llegan al éxito aquellos que luchan en forma perseverante y saben esperar el momento adecuado.

De igual manera, es necesario entender que en muchas ocasiones estaremos frente a situaciones en las que creeremos que nada está sucediendo. Y esto puede ser extremadamente frustrante.

En esos momentos (que todos tenemos), recordemos el ciclo de maduración del bambú japonés. Y no bajemos los brazos ni abandonemos por no ver el resultado esperado, ya que sí está sucediendo algo dentro de nosotros: estamos creciendo, madurando.

No nos demos por vencidos, vayamos gradual e imperceptiblemente creando los hábitos y el temple que nos permitirán sostener el éxito cuando éste, al fin, se materialice.

El triunfo no es más que un proceso que lleva tiempo y dedicación. Un proceso que exige aprender nuevos hábitos y nos obliga a descartar otros.

Un proceso que exige cambios, acción y formidables dotes de paciencia.

Recibe mi más afectuoso abrazo.

Álex

P. D. Como dice mi buen amigo y maestro Jorge Escribano: «El triunfador es aquel que hace de sus triunfos sus amantes y de sus fracasos sus amigos». Y son precisamente los fracasos los que nos pueden ayudar a echar buenas raíces.

Carta 23

Piedras en el camino

«El secreto de la felicidad es tener gustos sencillos y una mente compleja. El problema es que a menudo la mente es sencilla y los gustos complejos.»

FERNANDO SAVATER

Apreciado amigo, apreciada amiga:

Cuando quieres empezar a vivir la vida que deseas es importante que te plantees cuántos de los compromisos y objetos que te acompañan son prescindibles y/o suponen un freno hacia ese vivir de otra manera; esa manera en la que tú decides ser el auténtico jefe de tu vida.

Porque para dirigir de verdad tienes que ser libre. Y para ser libre lo mejor es andar con poca carga encima.

Llega un momento en el que, si quieres entrar y mantenerte en la ruta que has elegido para tu vida, si quieres empezar a disfrutar del paisaje y conducir a tu ritmo, es bueno y aconsejable frenar un poco, o levantar el pie del acelerador. Reducir la marcha, en definitiva. Hacer esto te permitirá reasignar inteligentemente los recursos de los que dispones para luego avanzar por el camino de tus anhelos.

Además de frenar, también va muy bien vaciar: eliminar lo accesorio, lo que supone una carga, renunciar a una determinada dinámica de gastos y, sobre todo, pensar antes de adquirir nuevos o mayores compromisos financieros.

Dijo William James que «ser sabio es el arte de saber qué pasar por alto». Y para poder llenar tu vida de lo que realmente te importa, primero tienes que vaciar lo que hoy te sobra y te hace difícil o excesivamente lento el cambio.

El hecho de convivir con compromisos incómodos me lleva a pensar con frecuencia en la experiencia o el accidente de la piedrecita que se cuela en el zapato, siendo las piedras los compromisos «incómodos», llámense éstos deudas, hipotecas, créditos o demás circunstancias que molestan mas allá de lo razonable, y supongamos que el andar cómodamente sea una metáfora del vivir sin agobios innecesarios.

«Quien anda con suavidad llega lejos», dice el proverbio chino. Está claro que para sentirse cómodo lo mejor es que no dejemos que entren demasiadas piedras en nuestros zapatos, que el calzado sea fácil de quitar y poner, y que no vivamos como difícil o imposible el hecho de detenernos y liberarnos de ellas.

Parece lógico, ¿no? Entonces, ¿por qué hay tantas personas que sienten y piensan que no pueden cambiar su vida y se resignan a andarla por un camino que no es el propio, con el calzado de otros y convencidos de que «para llegar a alguna parte» tienen que aceptar que los zapatos se les vayan llenando de piedrecitas?

¿Será que el disponer de todas las *facilidades* de financiación posibles nos lleva a cargarnos de piedras y a que pensemos que eso es un mal menor para «estar en el sistema» y »ser alguien»?

Te invito a pensar un poco sobre esto.

Te invito a detenerte y, si es necesario,

ELIMINAR LAS PIEDRAS DE TUS ZAPATOS
Y DE TU CAMINO.

A veces no es fácil, pero sin duda es necesario.

Afectuosamente tuyo,

Álex

P. D. Decía Antoine de Saint-Éxupery, autor de *El principito*: «La perfección se consigue no cuando ya no queda nada que añadir, sino cuando ya no queda nada que sacar». Y un cuento lo ilustra así:

En cierta ocasión iba un ejecutivo paseando por una bonita playa vestido con sus bermudas (de marca), sus gafas de sol (también con marca muy visible), su polo (con mucha marca), su gorra (con marca destacada), su reloj (de marca y carísimo), su calzado deportivo (donde todo era marca), su móvil colgado de la cintura (el móvil con marca y la bolsa en la que colgaba, también) y su gomina en el pelo (sin marca, pero tan abundante que uno podía adivinarla).

Eran las dos del mediodía cuando se encontró con un pescador que felizmente recogía sus redes llenas de pescado y amarraba su pequeña barca. El ejecutivo se le acercó...

—¡Ejem! Perdone, pero le he visto llegar con el barco y descargar el pescado... ¿No es muy temprano para volver de faenar?

El pescador le miró de reojo y, sonriendo mientras recogía sus redes, le dijo:

— ¿Temprano? ¿Por qué lo dice? De hecho yo ya he terminado mi jornada de trabajo y he pescado lo que necesito.

— ¿Ya ha terminado hoy de trabajar? ¿A las dos de la tarde? ¿Cómo es eso posible? —dijo, incrédulo, el ejecutivo.

El pescador, sorprendido por la pregunta, le respondió:

— Mire, yo me levanto por la mañana a eso de las nueve, desayuno con mi mujer y mis hijos, luego les acompaño al colegio, y a eso de las diez me subo a mi barca, salgo a pescar, faeno durante cuatro horas y a las dos estoy de vuelta. Con lo que obtengo en esas cuatro horas tengo suficiente para que vivamos mi familia y yo, sin holguras, pero felizmente. Luego voy a casa, como tranquilamente, hago la siesta, voy a recoger a los niños al colegio con mi mujer, paseamos y conversamos con los amigos, volvemos a casa, cenamos y nos metemos en la cama felices.

El ejecutivo intervino llevado por una irrefrenable necesidad de hacer de consultor del pescador:

— Verá, si me lo permite, le diré que está usted cometiendo un grave error en la gestión de su negocio y que el "coste de oportunidad" que está pagando es, sin duda, excesivamente alto; está usted renunciando a un pay-back *impresionante. ¡Su* BAIT *podría ser mucho mayor! Y su "umbral de máxima competencia" seguro que está muy lejos de ser alcanzado.*

El pescador se lo miraba con cara de circunstancias, mostrando una sonrisa socarrona y sin entender exactamente adónde quería llegar aquel hombre de treinta y pico años ni por qué de repente utilizaba palabras que no había oído en su vida.

Y el ejecutivo siguió:

— Podría sacar muchísimo más rendimiento de su barco si trabajara más horas, por ejemplo, de ocho de la mañana a diez de la noche.

El pescador entonces se encogió de hombros y le dijo:

— Y eso, ¿para qué?

— ¡¿Cómo que para qué?! ¡Obtendría por lo menos el triple de pescado! ¡¿O es que no ha oído hablar de las economías de escala, del rendimiento marginal creciente, de las curvas de productividad ascendentes?! En fin, quiero decir que con los ingresos obtenidos por tal cantidad de pescado, pronto, en menos de un año, podría comprar otro barco mucho más grande y contratar un patrón...

El pescador volvió a intervenir:

—¿Otro barco? ¿Y para qué quiero otro barco y además un patrón?

—¿Que para qué lo quiere? ¡¿No lo ve?! ¿No se da cuenta de que con la suma de los dos barcos y doce horas de pesca por barco podría comprar otros dos barcos más en un plazo de tiempo relativamente corto? ¡Quizá dentro de dos años ya tendría cuatro barcos, mucho más pescado cada día y mucho más dinero obtenido en las ventas de su pesca diaria!

Y el pescador volvió a preguntar:

—Pero todo eso, ¿para qué?

—¡Hombre! ¡¿Pero está ciego o qué?! Porque entonces, en el plazo de unos veinte años y reinvirtiendo todo lo obtenido, tendría una flota de unos ochenta barcos, repito, ¡ochenta barcos! ¡Que además serían diez veces más grandes que la barcucha que tiene actualmente!

Y de nuevo, riendo a carcajadas, el pescador volvió:

—¿Y para qué quiero yo todo eso?

Y el ejecutivo, desconcertado por la pregunta y gesticulando exageradamente, le dijo:

—¡Cómo se nota que usted no tiene visión empresarial ni estratégica ni nada de nada! ¿No se da cuenta de que con todos esos barcos tendría suficiente patrimonio y tranquilidad económica como para levantarse tranquilamente por la mañana a eso de las nueve, desayunar con su mujer e hijos, llevarlos al colegio, salir a pescar por placer a eso de las diez y sólo durante cuatro horas, volver a comer a casa, hacer la siesta...?

Bueno, ¿verdad?

Dijo Erich Fromm, refiriéndose a aquellos que vivimos en circunstancias en que los recursos son abundantes y las necesidades están más que satisfechas:. «Los seres humanos lo tienen todo, pero carecen de sí mismos». Dejo para ti la interpretación.

Carta 24

Escribe una carta a tu inconsciente

«Sólo tú puedes decidir qué hacer con el tiempo que se te ha dado.»

Gandalf dirigiéndose a Frodo en *El Señor de los Anillos*,
de J. R. R. TOLKIEN

Amigo/a:

Cuando un autor, un artista o un emprendedor inicia su proyecto, sólo tiene sus ideas y un papel en blanco. Necesita trasladar las ideas al papel para que empiecen a ser una realidad visible y tangible. El guión de una película, un proyecto empresarial, un evento, un libro, un cuadro o una canción aterrizan en la realidad gracias al acto de escribir. Todo sueño empieza a hacerse realidad cuando se expresa en palabras, cifras, esquemas, imágenes.

En esta carta te invito a que empieces a trabajar en la construcción de tus propósitos mediante un ejercicio muy simple. Puedes decidir llevarlo a cabo o no. Si no te apetece hacerlo, no pasa nada, siempre lo tendrás aquí. Pero me permito animarte a que lo hagas, ya que me consta, por la experiencia de muchas personas, que es de gran utilidad.

Te propongo que te escribas una carta, que dirijas una carta a tu inconsciente en la que expliques...

... cómo te sientes;

... lo que ya no quieres y estás dispuesto a cambiar;

... la vida que deseas y con qué intensidad quieres que se convierta en realidad;

... con qué recursos cuentas para conseguirlo...

Te propongo, en definitiva, que escribas una carta al jefe de tu vida que hay en ti, a tu propia dirección...

... a aquello que en verdad eres tú;

... a aquel lugar, a aquellas circunstancias, sensaciones y experiencias que quieres vivir;

... a tu deseo profundo e impulsor.

Suena extraño, ¿verdad?

Y suena extraño porque hemos perdido en gran medida la capacidad de dialogar con nosotros mismos. Por eso, es importante recurrir a la imaginación para vencer resistencias.

Te sugiero, por ejemplo, que te pongas en la piel del niño o la niña que escribe una carta a los Reyes Magos o a Papá Noel. Ahora podrías recuperar esa ilusión, aceptando, ya adulto, que esos Reyes Magos o ese Papá Noel eres tú. Que sólo tú puedes conseguir los regalos que deseas.

¿Y por qué es tan importante que escribas esta carta a tu inconsciente? Porque escribir una carta es un gesto de reconocimiento del otro, es manifiestar una apuesta por la intimidad y una esperanza de respuesta. Y cuando las palabras salen del corazón, son además un reflejo sincero de nuestros sentimientos en el momento de ser escritas.

Son muy pocos los que se escriben cartas a sí mismos contándose cómo se sienten y expresando abiertamente sus sentimientos y sus sanas ambiciones...

Menos son los que tienen el coraje de firmar una carta comprometiéndose con su propósito, diseñando una estrategia para su vida y asumiendo el papel de estrategas de su destino.

Como sabes, un estratega es alguien que hace básicamente tres cosas: planificar, dirigir y asignar recursos. Y una estrategia no es más que un plan de actuación. Te propongo, por tanto, que las cartas que en adelante te escribas como plan de realización de tus deseos consten de los siguientes elementos:

1. Descripción de los motivos del cambio.
2. Elaboración del listado de tus deseos.
3. Recursos necesarios para su consecución.
4. Tiempo estimado de realización.
5. Compromiso de realización.

Vamos por partes.

1. Descripción de los motivos del cambio.

Consiste en expresar y enumerar detalladamente las circunstancias que motivan el anhelo de cambio de uno o varios aspectos de tu vida.

Háblate desde el corazón... Ábrete cuanto puedas y sé sincero. Escribe como si el destinatario fuera una persona a la que amas profundamente, de tu total confianza, que sabes que te va a dedicar tiempo, atención y cariño en la lectura.

Es importante que enumeres aquello que quieres eliminar de tu vida. Aquello que ya no quieres llevar en la mochila, que te sobra, que ya no aguantas más. Aquello que si desapareciera mañana haría que te sintieras sumamente feliz.

2. Elaboración del listado de tus deseos.

Llegamos a la esencia de la carta: dejar por escrito cuáles son tus deseos más profundos, los que te impulsan al cambio. Hacer visible el deseo es hacer visible parte de tu inconsciente, por lo que en definitiva le estás abriendo la puerta de entrada al que será tu principal aliado.

Escribe desde lo más profundo de tus anhelos. Déjate llevar por lo que salga, escribe todo lo te venga a la mente, escribe y escribe hasta que sientas que no tienes nada más que decir, sin restricciones ni censuras de ningún tipo. En este punto quiero ofecerte unas recomendaciones concretas:

— Expresa tus deseos en positivo, evita las fórmulas en las que aparezca un «no». Simplemente dales la vuelta. Sustituye, por ejemplo, «no quiero hacer tal cosa» por «deseo hacer tal otra».

— Concreta el deseo, especifícalo. Descríbelo como si ya estuviese realizado al detalle, imaginando nítidamente cómo se convierte en realidad y cómo te sientes tú viviendo en esa situación.

— No hagas objeto de deseo a otras personas. Cada cual vive su vida. Cada cual tiene su propia dirección. Ésta es una carta dirigida a ti, no una carta para manipular a nadie. Es mágica en la medida en que puede transformarte a ti, pero no a los demás. Al cambiar tú, cambiará tu manera de relacionarte con los demás, eso es todo. Y es más que suficiente.

— Y recuerda: tu inconsciente es como un niño, te escucha si le hablas con humor, con emociones, con ilusión, con suavidad, con ternura, como si le contaras un cuento de lo que va a ser tu vida.

3. Recursos necesarios para la consecución de esos deseos.

Para elaborar una estrategia práctica y realista debes partir de una visión lo más objetiva posible de tu situación aquí y ahora. Y para ello es necesario, por encima de todo, que no te engañes. Ni por exceso ni por defecto. Que hagas tu análisis, que te conozcas bien y que reconozcas los recursos internos y externos de que dispones para llevar a cabo tus sueños. Recursos que están dentro y fuera de tu piel y que son el resultado de todo lo que has vivido hasta ahora.

Te darás cuenta de que dispones de muchos de ellos: ilusión, curiosidad, empatía, intuición, entusiasmo, experiencia, creatividad, valentía, espontaneidad, sentido del humor, simpatía, ternura, fuerza, carisma, inteligencia... y tantos otros que podríamos citar.

Tú tienes un enorme bagaje de recursos internos. No los ignores ni les quites importancia, ya que acostumbran a ser muchos y más potentes de lo que imaginas.

Recuerda también que dispones de un recurso externo poderosísimo: darte permiso para pedir ayuda, para contactar y contar con otras personas. Muy a menudo el recurso con mayor capacidad de transformación en el corto plazo es la capacidad de confiar en otro: tu pareja, tus amigos, tus familiares, tus hijos o un profesional pueden ser la ayuda ideal en este proceso.

Y tienes un recurso fantástico: tu imaginación. Empléala para que te dé respuestas en forma de más recursos: desde objetos hasta personas que sean una ayuda en tu estrategia.

Elabora una lista con todos estos recursos, los de dentro y los de fuera. De repente, verás mucho más fácil y posible que tu estrategia se materialice.

4. Tiempo estimado de realización.

Pon un plazo concreto y razonable para la realización de los deseos de tu carta, una fecha en la que creas que serán alcanzados. Poniendo una fecha refuerzas tu compromiso. Una vez fijada, el tiempo empieza a contar... con lo que sólo queda comprometerse y empezar a andar...

5. Compromiso de realización.

El último punto es el más importante de todos. Para que sea útil y real, una estrategia requiere un firme compromiso para ser llevada a cabo. Requiere una firma.

Sin firma no hay compromiso, aquello que has escrito no te pertenece. La estrategia entonces se convierte en una mera fantasía, en una ilusión con fecha de caducidad que desemboca en una desilusión inevitable.

Porque la desilusión acostumbra a ser la consecuencia lógica y natural de una ilusión no perseguida tenazmente, o sea, sin compromiso.

Firmar la carta implica que te comprometes con tus deseos, que eres tú quien los ha plasmado en el papel y quien los hará realidad...

Y, sobre todo, supone que pones fe en ello. Que confías en que se realizarán. O lo que es lo mismo, que confías en ti.

Es muy importante que a tu inconsciente le quede eso muy claro, que vea certeza y determinación en tu propósito.

Que tu niño interior vea claramente que tu adulto de hoy apuesta por sus deseos.

Acaba la carta con tu compromiso, algo así como:

«Declaro que voy a generar, merecer y obtener la realización de estos deseos en tal fecha».

Revísala periódicamente. No la olvides. Recuerda que una vez firmada es como un compromiso con tu principal *cliente*, que eres tú.

Si no crees de verdad que llevarás a cabo el compromiso de ir a por tus deseos, no hagas la carta, y sobre todo no la firmes. No juegues con tus propias expectativas: sé una persona honesta, realista y respetuosa con lo pactado.

Por supuesto, el mero hecho de escribir la carta no cambiará de repente tu vida. La carta es una apuesta de ti por ti, y eres tú el que tiene que moverse para ganarla. La carta es la estrategia, el mapa, pero la realidad la construirás tú día a día. Con ilusión y perseverancia.

En definitiva, este ejercicio está pensado para activar tu inconsciente y generar en ti una actitud positiva ante la vida.

Porque al final, el cambio no es más que...

... percepciones y actitudes positivas trabajando en una misma dirección...

... movidas por el deseo...

... y con el apoyo de todo el poder de tu inconsciente.

Ten la carta cerca de ti, a mano, o bien expuesta en el lugar en que pases más tiempo. En tu mesa de noche, en tu despacho, en tu cartera o colgada en tu habitación, en cualquier lugar donde la encuentres y la puedas leer con cierta frecuencia.

Repásala antes de tus momentos de silencio o meditación. Repásala también antes de acostarte y al levantarte por la mañana.

Esta carta activará en ti lo que los psicólogos conocen como «la profecía que se autocumple».

Además, con la firma de la carta se pondrá en marcha «el principio de sintonización». Verás que si tu propósito es firme, empezará a actuar el «principio de atracción de lo semejante» y se generarán situaciones que favorecerán tus deseos.

Puede parecerte algo esotérico, pero en realidad es una cuestión de sintonización: dependiendo de la frecuencia con que emites, la vida te responde.

Y ten la suficiente inteligencia para redefinir la estrategia cuantas veces sea, si lo crees necesario.

No conviene ser rígido en tus propósitos. Porque a medida que vayas avanzando será imprescindible que vayas modificando.

Date el permiso de cambiar, de redefinir, de mandarte muchas cartas a lo largo de tu vida... Ya que lo que deseas hoy es muy posible que sea distinto, en parte o en todo, a lo que desearás dentro de veinte años.

Vive tu vida. Vive la vida que eres capaz de imaginar...

ESCRIBE CARTAS A TU DIRECCIÓN.

¡Las estás esperando desde hace tiempo!

Un afectuoso abrazo.

Álex

P. D. Dijo Stephen R. Covey: «*Y puedo cambiar. Puedo vivir a partir de mi imaginación y no de mi memoria. Puedo relacionarme con mi potencial ilimitado en lugar de hacerlo con mi pasado limitador. Puedo convertirme en mi propio creador.*»

Carta 25

Para ser un buen jefe se requiere el tercer cerebro

«Nada prueba tan contundentemente la habilidad de un hombre para dirigir personas como la habilidad para dirigirse a sí mismo.»

THOMAS WATSON

«Trata a un hombre tal como es y seguirá siendo lo que es. Trata a un hombre como puede llegar a ser y se convertirá en lo que puede llegar a ser.»

GOETHE

Querido amigo/a:

¡Que tu luz brille por siempre, porque tú te lo mereces!

Qué hermosa declaración, ¿verdad? ¡Y qué práctica a la vez! Porque si tú brillas, tu luz me ilumina, me muestra, me da pistas.

Por este motivo es tan importante que sean muchos los seres humanos que vayan encontrando dirección y sentido, dando un nuevo y más alto techo a su vida y ofreciendo su luz al mundo.

Ocurre que, bajo mi manera de ver las cosas, hay una serie de recursos inherentes al ser humano que no son escasos en absoluto y que nunca han sido incorporados al acervo de activos y posibilidades de la especie humana desde una perspectiva económica.

El amor, la creatividad, el sentido común, la esperanza, la ilusión, la solidaridad y todos sus derivados son activos con una potencia de generación y de transformación de riqueza extraordinarias.

Decía Antoine de Saint-Éxupery que «el amor es la única cosa que crece cuando se reparte». ¡Y ése es el tipo de activos que hoy, aquí y ahora, nos hacen falta!

La frustración, la competencia, la lucha, la guerra existen como consecuencia del miedo y de asumir una especie de paranoia inconsciente en la que lo único que pretende el otro es perjudicarnos.

Es imprescindible que nos pongamos todos a pensar. Es fundamental que, además, empecemos a sentir. Y es sobre todo indispensable que nos creamos que somos capaces de modificar nuestras vidas y de desarrollar ese enorme potencial que llevamos dentro.

Día a día se realizan interesantes y sorprendentes avances científicos sobre el desarrollo del potencial humano. Los más recientes hallazgos en el mundo de la neurología son, por ejemplo, espectaculares.

Hoy se sabe que la inteligencia está distribuida por todo el cuerpo y que hay maneras diferentes de pensar a las que hemos asumido como convencionales y basadas en el cerebro. El neurólogo Robert K. Cooper, en su excepcional libro *El otro 90 por ciento*, apunta: «Siempre que tenemos una experiencia, ésta no va directamente al cerebro para poder reflexionar sobre ella, sino que el primer lugar al que va es a las redes neurológicas de la región intestinal y del corazón».

Has leído bien: ¡en el intestino y en el corazón hay neuronas o redes celulares que ejercen una función muy similar a la de las neuronas de nuestro cerebro!

Hoy ya se está hablando del «segundo cerebro» (el del intestino) y del «tercer cerebro» (el del corazón).

Los expertos que investigan sobre ello, especialmente Michael D. Gershon, de la Universidad de Columbia, afirman que en el conducto intestinal hay en torno a cien millones de neuronas, cifra superior a la que encontramos en la médula espinal. Lo más interesante es que este complejo circuito, aunque está conectado con el cerebro craneal, permite al intestino actuar independientemente, recordar, aprender e influir en nuestras percepciones y conductas.

Toda experiencia de vida crea lo que se ha dado en llamar un «sentimiento intestinal»: desde un leve hormigueo hasta un nudo en el estómago. Lo que ocurre es que la amplísima mayoría de la población no hemos sido educados para ponernos en contacto con ese *sentimiento*, y nuestro umbral de percepciones sólo se activa cuando la llamada de este segundo cerebro es muy fuerte.

El «tercer cerebro» es el del corazón... ¡El corazón tiene cerebro! ¡Qué buena noticia! Está constituido por más de 40.000 células nerviosas unidas a una compleja red de neurotransmisores. El cerebro del corazón es tan grande como muchas áreas del cerebro craneal.

El campo electromagnético del corazón es el más poderoso del cuerpo. Es, de hecho, unas 5.000 veces mayor que el campo que genera el cerebro y es medible incluso a tres metros de distancia. Al igual que el cerebro del intestino, actúa independientemente, aprende, recuerda y tiene pautas propias de respuesta a la vida.

Lo interesante, además, es que dispone de habilidades hasta ahora intuidas, pero todavía no demostradas científicamente. Las corazonadas, las fuertes intuiciones que se revelan como realidades ciertas, se generan en el corazón.

Hoy es ya reconocido por la medicina convencional occidental lo que se sabía hace miles de años por las técnicas de meditación orientales: que el ritmo del corazón (del cerebro del corazón) puede alterar la efectividad del pensamiento cerebral. De alguna manera, el corazón, más que la cabeza, es el principal protagonista de lo que vivimos.

Diversos autores que han profundizado en el estudio de este «tercer cerebro» sostienen que el ingenio, la iniciativa y la intuición nacen de él: este cerebro está más abierto a la vida y busca activamente una comprensión nueva e intuitiva de lo que más le importa a la persona en la vida.

Probablemente en el futuro se descubrirá que en él residen nuevas y desconocidas capacidades del ser humano relacionadas con lo que ya hoy se define como «las claves de la inteligencia emocional»: la empatía, la conciencia emocional de uno mismo, la transparencia, el optimismo, la iniciativa, la vocación de servicio, la inspiración, la alegría, la confianza en uno mismo, en los demás y en la vida, todo ese tipo de *activos* que harían de este mundo un lugar de abundancia y satisfacción.

En definitiva, las investigaciones realizadas por eminentes médicos tanto de la medicina occidental o tradicional como de lo que hoy se viene a llamar la medicina alternativa, afirman que el corazón funciona como una especie de radar personal que escruta en nuestro interior y en el exterior a la búsqueda de nuevas oportunidades y opciones de vida... Pero para tomar conciencia de ello, hay que estar atento a nuestro interior, hay que saber mirar y sobre todo escuchar y comprender a nuestro corazón.

Al hilo de esto, me parece evidente (aunque a muchos les cuesta entenderlo) que para ser un buen jefe es necesario tener un corazón *inteligente*. Ser humano es ser emocional. Somos seres emocionales. A los hombres supuestamente *fuertes* o se les acaba partiendo el corazón o hacen lo propio con el corazón de los demás.

Un buen jefe tiene conciencia de sí; sabe escucharse, sabe darse permisos, se permite ser «persona conscientemente competente», siente un respeto profundo hacia sí y hacia los demás.

Sólo con un buen corazón es posible crear buenos equipos, buenas organizaciones, buenas empresas. Empresas en las que el jefe sabe manifestar la pasión y los talentos de aquellos que trabajan con él.

Un buen jefe sólo puede serlo para los demás cuando lo es para sí mismo. Ésa es la clave del liderazgo.

Porque...

... no puedes conducir a los demás si eres incapaz de conducir tu propia vida;

... no puedes dar una dirección a la actividad de los demás si no puedes hacer lo propio con la tuya;

... no puedes escuchar honestamente a los demás cuando eres incapaz de escucharte;

... no puedes motivar a los demás si no sabes motivarte;

... no puedes solicitar la confianza de los demás si eres incapaz de confiar en ti;

... no puedes reconocer y respetar a los demás si no puedes reconocerte y respetarte;

... no puedes ser consciente y apreciar el valor de los demás si no puedes hacer lo propio con tu valor;

... no puedes perdonar los errores de los demás si, en el fondo, no eres capaz de perdonarte;

... no puedes exigir flexibilidad y capacidad de adaptación si no las tienes tú;

... no puedes exigir compromiso en los demás si no eres capaz de comprometerte;

... no puedes inspirar a los demás si eres incapaz de inspirarte a ti mismo;

... no puedes desarrollar los talentos y habilidades de los demás si eres incapaz de hacer lo propio con los tuyos;

... no puedes transmitir seguridad si te gobiernan tus miedos inconscientes;

... no puedes poner en práctica la empatía si no eres capaz de vivir a fondo todo el espectro de emociones que has reprimido a lo largo de tu vida;

... no puedes liderar honesta y sinceramente a otros si no eres capaz de liderarte a ti mismo;

... no puedes, en definitiva, emitir luz a los demás cuando no tienes ni para ti.

Porque si intentas ser un jefe sin serlo, generarás un engaño colectivo de consecuencias desastrosas... Es así, en el extremo, como muchos líderes políticos han acabado con las vidas de millones de seres humanos y como muchos presidentes de corporaciones han estafado y se han fundido los ahorros, e incluso las perspectivas de trabajo, de muchas buenas personas.

La profundidad y calidad de tus activos y competencias fija el límite del desarrollo que puedes generar en tu entorno. La profundidad y riqueza de tu pensamiento y de tus sentimientos marca el límite de tu desarrollo y del de aquellos a quienes diriges y te rodean.

Probablemente en el futuro, debido a los descubrimientos que te comentaba, habrá que redefinir el significado de las palabras pensamiento e inteligencia, y llevarlas hacia un territorio más amplio. Porque cabeza, corazón y piernas deben ir en una misma dirección para avanzar. De lo contrario andaremos dando tumbos, hacia delante o hacia atrás, pero sin avanzar. E incluso, como sucede muy frecuentemente, podemos llegar a partirnos en pedazos o a hacer lo propio con los que nos rodean.

Un buen jefe es un ser humano no sólo pensante, sino y sobre todo apasionado, intuitivo y amante.

Por eso te propongo que recuperemos al niño que llevamos dentro y que se quedó sordo de corazón hace tiempo.

El ejercicio no es fácil, de nuevo aparecen los ingredientes de la paciencia, de la perseverancia y del coraje de mirar hacia dentro, pero si no recorremos este camino, desde lo individual, acompañados por otros que han pasado y apoyados por otros que quieren pasar por él, hablando de ello sin miedos ni tapujos, el cambio no será posible. Las recetas de manual no sirven, porque el inconsciente gobierna.

Nos han enseñado a ignorar o a banalizar los signos de nuestro cuerpo y las voces de nuestro corazón. Los tapamos con analgésicos y con todo tipo de drogas (televisión incluida) para que dejen de *molestar*. Acallar al corazón y los signos que a través de él nos piden un cambio es la mejor manera de que nuestra vida se conduzca por la cabeza y por los mensajes programados. Si esto es así, el cambio real no es posible.

Vivimos en un mundo que a todas luces está enfermo. Enfermo de una especie de cáncer anclado en la ambición y en el sinsentido de la avaricia.

Quizá porque me niego a renunciar a la utopía cada vez que veo a mis pequeños hijos, pienso que el cambio sólo llegará desde lo individual. Y en el cuerpo a cuerpo, en una firme y serena revolución silenciosa llamada a abrir mentes y corazones hacia la capacidad de vivir una vida plena asumiendo cada cual su propia responsabilidad. Una revolución espontánea y no coordinada.

Para ello, son imprescindibles buenos jefes: personas que asuman la responsabilidad de su propia vida teniendo en cuenta lo esencial que es el respeto del otro desde el amor bien entendido. Desde el sentimiento y no desde el sentimentalismo. Desde la asertividad y no desde la agresividad. Desde la perseverancia y la paciencia más que desde el falso milagro o el pelotazo. Desde el «enseñar a pescar» más que desde «el dar el pescado». Desde el diálogo sincero más que desde la prepotencia. Desde la relación entre iguales más que desde la postura del poder arrogante.

Porque a estas alturas del libro es el momento de decirlo: en el mundo hay millones de personas que sí tienen que ganarse la vida de verdad. Personas que han nacido en un entorno y circunstancias de pobreza, represión, abusos, explotación, ausencia de libertades, escasez de recursos y medios, carencia o deformación de información y de formación. Para que algún día ellos puedan llegar a plantearse que su vida no está perdida, y puedan escuchar sin sentir rabia, cinismo o ironía «que no tienen que ganarse la vida, porque su vida está ganada».

Para que esa masa crítica de la humanidad cuyo principal reto es sobrevivir pueda llegar a plantearse que su vida no está perdida, hace falta no sólo cabeza, sino sobre todo mucho corazón. «Un buen corazón y una buena mente: esto es lo que se necesita para ser un buen jefe», dijo Louis Farmer, un anciano indio onondaga. Hay algunos que lo saben ya hace tiempo, pero se les consideró salvajes y primitivos, y se les acalló por la fuerza. Volvamos a escucharles. Escucharles a ellos es escucharnos a nosotros mismos. La sabiduría reside en el silencio del fondo del corazón.

Recuperemos, respetemos, honremos y pongamos a trabajar a nuestro tercer cerebro, a nuestro corazón.

Álex

P. D. Un fragmento del libro *La enfermedad como camino*, de Thorwald Dethlefsen y Rüdiger Dahlke, dice así:

A pesar de todos los esfuerzos de los que aspiran a mejorar el mundo, nunca existirá un mundo perfectamente sano, sin conflictos ni problemas, sin fricciones ni disputas. Nunca existirá el ser humano completamente sano, sin enfermedad ni muerte, nunca existirá el amor que todo lo abarca, porque el mundo de las formas vive de las fronteras. Pero todos los objetivos pueden realizarse —por todos y en todo momento— por el que descubre la falsedad de las formas y en su conciencia es libre. En el mundo polar, el amor conduce a la esclavitud; en la unidad es libertad. El cáncer es síntoma de un amor mal entendido. El cáncer sólo respeta el símbolo del amor verdadero. El símbolo del amor verdadero es el corazón. ¡El corazón es el único órgano que no es atacado por el cáncer!

En un mundo con más corazón a todos los niveles, el cáncer, entendido no sólo como enfermedad del individuo, sino como metáfora de un proceso de autodestrucción a nivel de la especie humana, no tiene lugar.

Dice Jorge Bucay que «el verdadero amor no es otra cosa que el deseo inevitable de ayudar a otro para que sea quien es».

Y seguramente el amor es eso, el proceso de dirigir al otro hacia sí mismo, hacia quien en verdad es.

En eso, esencialmente, consiste ser un buen jefe.

Posdata

Seguiremos en contacto

«Hoy, antes del alba, subí a la colina, miré los cielos apretados de luminarias y le dije a mi espíritu: cuando conozcamos todos esos mundos y el placer y la sabiduría de todas las cosas que contienen, ¿estaremos tranquilos y satisfechos? Y mi espíritu dijo: no, ganaremos esas alturas sólo para seguir adelante.»

WALT WHITMAN

En toda carta hay un gran deseo de acercamiento.

Hay una entrega.

Hay fragmentos de la vida de uno mismo.

Hay una expectativa de respuesta.

Hay ilusión y esperanza en el envío.

Por eso, si tienes algo que compartir en relación con este libro, me encantaría recibir tu carta. Aquí tienes mi dirección:

carta@alexrovira.com

Apartado de correos nº 9145, código postal 08080, Barcelona, España.

Ha sido un placer que me hayas acompañado hasta aquí; el libro acaba, la vida sigue.

Seguiremos andando, seguiremos buscando... Y quién sabe si algún día nos volveremos a encontrar. Gracias por tu compañía en este trecho.

Espero que estas cartas te hayan invitado a la reflexión, sea desde el acuerdo o desde el desacuerdo, pues lo importante es avanzar hacia un conocernos mejor.

Ojalá encuentres tu dirección y...

... reconozcas en tu ser el hogar más confortable.

Ojalá sientas que te estás acercando o que ya estás en tu rumbo.

Ojalá encuentres en ti la capacidad de dirigir tu vida.

Ojalá encuentres tu brújula interior.

Porque entonces «nada tomarás ya nunca de segunda ni de tercera mano», como dice Walt Whitman en una de las citas que abren este libro.

«Tampoco contemplarás el mundo con mis ojos.

Ni tomarás las cosas de mis manos.»

Este texto me mostró algo muy importante: puedo quedarme contigo un día y una noche, pero luego partiré. Nacemos y morimos solos, y en ese trayecto que llamamos vida compartimos días y noches con otras personas.

Aquellos que nos hacen crecer son los que, como Whitman, nos acompañan y por amor nos enseñan a andar solos, a no ver la realidad con otros ojos que no sean los nuestros, a crear nuestra propia visión del mundo, a ser autónomos.

Nos enseñan que, aunque los libros son una gran ayuda, nuestra esencia, nuestra alma, se construye con las palabras de nuestra propia experiencia.

Nos enseñan a abrirnos a nosotros mismos y al universo a través del saber escuchar.

Y a establecer, desde nuestra sana individualidad, lazos con los demás. Lazos bellos y firmes, pero fáciles de deshacer, si es necesario. Lazos, y no nudos.

Me despido de ti con un saludo y un hasta siempre:

SALUDO A LA DIRECCIÓN QUE HAY EN TI.
SALUDO A TUS DESEOS, A TUS ANHELOS, A TUS PASIONES.
SALUDO A AQUEL QUE ES CAPAZ DE ENFRENTARSE A SÍ MISMO, CARA A CARA, BUSCANDO AQUELLA VERDAD QUE LLEVA A LA LIBERTAD.
SALUDO A TU NIÑO INTERIOR.
SALUDO A TU ANHELO DE REALIZACIÓN.
SALUDO A TU TALENTO SINGULAR.
SALUDO A TU CAPACIDAD DE VER LA OPORTUNIDAD DENTRO DE LA AMENAZA.
SALUDO A TU ESPONTANEIDAD, A TU INTIMIDAD Y A TU CONCIENCIA.
SALUDO A TU DESEO PROFUNDO E IMPULSOR.
SALUDO A TUS SUEÑOS, ILUSIONES Y ESPERANZAS.
SALUDO A TU CAPACIDAD DE EXTRAER LO MEJOR DE TU PASADO.

SALUDO A TU DESEO DE COMPARTIR TU CAMINO CON OTROS.
SALUDO A TU DESEO DE HACER UN MUNDO MEJOR.
SALUDO A TU GRATITUD.
SALUDO A TU INTELIGENCIA.
SALUDO A TU CORAZÓN.

Que el grito de la vida en tu interior sea amor para los que te rodean.

Álex

P. D. Escribió Somerset W. Maugham en *El filo de la navaja*: «El hombre siempre ha ansiado un Dios personal a quien acudir en su desgracia en busca de ánimos y de confortación. Quizás en un día aún lejanísimo una más clara visión le mostrará que debe buscar ánimos y confortación en la propia alma. Creo que o Dios está dentro de mí o no está en lugar alguno».

Y así lo creo yo también: o Dios está dentro de ti o no está en lugar alguno.

Una sabia base de datos

Los libros que conviene tener cerca

«Mi afán es comprender.»

José Luis Sampedro

«Quien no conoce nada, no ama nada. Quien no conoce, no puede hacer. Quien nada comprende, nada vale. Pero quien comprende, también ama, observa, ve... Cuanto mayor es el conocimiento, más grande es el amor.»

Paracelso

Un buen libro no es sólo un libro. No son sólo datos, información o conocimiento. Es sabiduría y es vida. Es mucha vida. Es abrir la ventana del intelecto y del corazón. Es sentir, pensar, reír, llorar... vivir.

Quiero compartir contigo aquellos libros que de alguna forma me han cambiado la vida. Muchos de ellos están en estas cartas que has leído. Ya sea en fragmentos seleccionados o destilados (con los riesgos que ello supone) por mí.

Sin ellos no sentiría como pienso, no pensaría como siento, no sería quien soy.

Y no exagero si digo que mi vida sería distinta si no los hubiese leído.

Siento por ellos y sus autores una inmensa gratitud y un profundo y sincero afecto.

Todos los libros que más adelante te enumero *curan*... o por lo menos me han curado a mí y han sido un remedio ideal, no agresivo y a menudo homeopático en momentos de tristeza, despiste, desasosiego o simplemente de felicidad inquieta a la búsqueda de respuestas.

Un libro es una o varias vidas, es uno o varios mundos, un libro puede ser alas que te ayuden a volar, un libro incluso puede ser un amigo y un maestro: alguien de quien te sabes cómplice, que te comprende, que te conoce e incluso que te ama. Un libro es algo maravilloso.

Aquí tienes, con detalle, los que conviene tener cerca. Espero que encuentres en ellos lo que yo encontré.

Albion, Mark, *Vivir y ganarse la vida*, Amat editorial.
Albom, Mitch, *Martes con mi viejo profesor*, Maeva.
Amela, Víctor; Sanchís, Ima; Amiguet, Lluís, *Haciendo la contra*, Editorial Martínez Roca.
Aprile, Pino, *Elogio del imbécil*, Temas de hoy.
Assagioli, Roberto, *El acto de voluntad*, Ed. Trillas.
Aurobindo, *La vida divina*, Ed. Kier.
Bach, Richard, *Joan Salvador Gavina*, Javier Vergara Editor.
Bettelheim, Bruno, *Psicoanálisis de los cuentos de hadas*, Crítica,
Bhagavad Gita, Bruguera, S.A.
Berne, Eric, *¿Qué dice usted después de decir hola?*, Grijalbo.
Blay, Antonio, *Ser, curso de psicología de la autorrealización*, Índigo Ediciones.
Blay, Antonio, *La personalidad creadora*, Índigo Ediciones.
Blay, Antonio, *Creatividad y plenitud de vida*, Iberia.
Bucay, Jorge, *Cartas para Claudia*, Editorial del nuevo extremo.
—,*Cuentos para pensar*, Editorial del nuevo extremo.
—,*De la autoestima al egoísmo*, Editorial del nuevo extremo.
—,*Déjame que te cuente*, Editorial del nuevo extremo.
—,*El camino de la autodependencia*, Plaza Janés.
—,*El camino del encuentro*, Plaza Janés.
Carter-Scott, Chérie, *El juego de la vida*, Grijalbo.
Casas, Claudio, *La paleta del pintor, mensajes gestálticos*, Ediciones creativas
Chopra, Deepak, *Las siete leyes espirituales del éxito*, Edaf.
Coelho, Paulo, *El alquimista*, Ediciones Obelisco.
Cooper, Robert K., *El otro 90 por ciento,* Amat editorial.
Covey, Stephen R., *Los siete hábitos de la gente altamente efectiva*, Paidós.
Cyrulnik, Boris, *Los patitos feos*, Gedisa editorial.
Dahlke, Rüdiger, y Dethlefsen, Thorwald, *Las etapas críticas de la vida*, Plaza Janés.
— *La enfermedad como camino*, Plaza Janés.
De Bono, Edward, *El pensamiento paralelo*, Paidós plural.
De Mello, Anthony, *El canto del pájaro*, Sal Terrae.
—, *La oración de la rana*, Sal Terrae.
—, *Un minuto para el absurdo*, Sal Terrae.

Drucker, Peter, *La gestión en un tiempo de grandes cambios*, Edhasa.
Escribano, George, *Analyse Transactionnelle et Psychologie Clinique.*, Psicom.
Fisher, Robert, *El caballero de la armadura oxidada*, Ediciones Obelisco.
Frankl, Viktor E., *El hombre en busca de sentido*, Ed. Herder.
Fromm, Erich, *El arte de amar*, Paidós.
Fromm, Erich, y Suzuki, Daisetz Teitaro, *Budismo zen y psicoanálisis*, Fondo de Cultura Económica de España, S. L.
George, Susan, *Informe Lugano*, Icaria Editorial e Intermón Oxfam.
Gibran, Khalil, *La veu del mestre*, Aquari.
Goleman, Daniel, *Inteligencia Emocional*, Kairós.
Handy, Charles, *La edad de la paradoja: cómo afrontar los cambios del mundo*, Ediciones Apóstrofe, S. L.
Hendricks, Gay, y Ludeman, Kate, *La nueva mística empresarial*, Urano.
Hesse, Hermann, *Demian*, Alianza Editorial.
Huxley, Aldous, *La filosofía perenne*, Ed. Edhasa.
James, Muriel, y Jongeward, Dorothy, *Nacidos para triunfar*, Addison-Wesley Iberoamericana.
Kerstész, Imre, *Un instante de silencio en el paredón*, Herder.
Krishnamurti, *La libertad primera y última*, Ed. Edhasa.
Kübler-Ross, Elizabeth, *La rueda de la vida*, Ediciones B.
Kuhn, Thomas S., *La estructura de las revoluciones científicas*, Fondo de Cultura Económica.
Lao Tsé, *Tao Te King*, Arca de Sabiduría.
Marquier, Annie, *El poder de elegir*, Luciérnaga.
—,*La libertad de ser*, Luciérnaga.
Martí, Miquel, *Palabras de un maestro. Blay en síntesis*, Ediciones Índigo.
Maslow, Abraham, *El hombre autorrealizado*, Kairós.
—,*La personalidad creadora*, Kairós.
Maugham, W. Somerset, *El filo de la navaja*, Plaza Janés.
Miller, Alice, *El drama del niño dotado: en busca del verdadero yo*, Tusquets.
—,*Por tu propio bien: raíces de la violencia en la educación del niño*, Tusquets.
Moore, Thomas, *El cuidado del alma*, Urano.
Mountain Dreamer, Oriah, *La invitación*, Urano.
Panikkar, Raimon, *Invitació a la saviesa*, Proa.

Prather, Hugh, *Palabras a mí mismo*, Cuatro Vientos.
Ramana Maharshi, *La esencia del autoconocimiento*, Ed. Yug.
Ribeiro, Lair, *El éxito no llega por casualidad*, Urano.
Rogers, Carl R., *El proceso de convertirse en persona*, Paidós.
Saint-Exupéry, Antoine de, *El principito*, Alianza/Emecé.
Satir, Virginia, *En contacto íntimo*, Ediciones Neo-Person.
Scott Peck, M., *Un camino sin huellas*, Emecé.
Shah, Idries, *Caravana de sueños*, Kairós.
—,*La sabiduría de los idiotas*, Arca de Sabiduría.
Siegel, Bernie S., *Paz, amor y autocuración*, Urano.
Steiner, Claude, *Los guiones que vivimos*, Kairós.
Upanishads, Arca de Sabiduría.
Vallés, Carlos G., *Al andar se hace camino*, Sal Terrae.
Watts, Alan, *La sabiduría de la inseguridad*, Kairós.
Watzlawick, Paul; Weakland, John H., y Fisch, Richard, *Cambio*, Herder.
Whitman, Walt, *Hojas de hierba*, Alianza Editorial.
Wilber, Ken, *El proyecto Atman*, Ed. Kairós.
—,*Psicología integral*, Ed. Kairós.

Y si quieres más, no dudes en escribirme a:
libros@alexrovira.com

Hasta pronto.

Álex

P. D. Algunos libros son luz para el alma. Dice el provervio chino:
Si hay luz en el alma,
habrá belleza en la persona.
Si hay belleza en la persona,
habrá armonía en la casa.
Si hay armonía en la casa,
habrá orden en la nación.
Si hay orden en la nación,
habrá paz en el mundo.

Todo sea hecho por la paz en el mundo.

Agradecimientos

«Acercaos al abismo, les dijo.
Tenemos miedo, respondieron.
Acercaos al abismo, les dijo.
Se acercaron.
Él los empujó... y salieron volando.»

APOLLINAIRE

¡Gracias por las alas!

Mensaje final de despedida del ángel Clarence a George Bailey —James Stewart— en «Qué bello es vivir».

Aquellos que nos quieren nos dan alas, nos invitan a volar.

Siento una profunda gratitud por todas aquellas personas que me han acompañado, directa o indirectamente, en el proceso de creación de este libro. Leyendo las páginas anteriores, aparecen a menudo en mi mente; siento que cada uno a su manera, todos ellos me han invitado a volar.

Con toda mi alma y energía doy gracias a Mònica Tarrés Campà, mi pareja, que me ha dado el mayor de los regalos: su amor y la oportunidad de compartir nuestras vidas. Y a nuestros hijos, Laia y Pol, a quienes va dedicado este libro. Ellos son mi Norte.

Albergo una profunda gratitud por mi padre, Gabriel Rovira Ibáñez, mi madre, Carmen Celma Grau y un intenso sentimiento de afecto en el recuerdo de mi abuela materna, Carmen Grau Vima, por todo el amor recibido de ellos.

A Jorge Escribano, amigo y maestro, por mostrarme el enorme poder de lo simple, la potencia de transformación psicológica que nace del trabajo bien hecho, por su sabiduría y afecto, y por los permisos que de él he recibido.

A Miguel Díaz, por acompañarme en el camino hacia el encuentro de mi brújula interior. Sin el viaje en el que me acompaña, semana a semana, este libro no hubiera visto la luz.

A Fernando Trías de Bes Mingot, mi compañero y amigo del alma. Tu extraordinaria inteligencia, entusiasmo, generosidad y creatividad han hecho que este libro tenga un mayor alcance del que hubiese tenido.

Jordi Nadal, amigo del alma, cuya pasión, ternura, potencia y generosidad hicieron que hoy este libro esté aquí. Conocerle es tener la ocasión de constatar, en vivo y en directo, lo que es estar conectado a la brújula interior.

A Manel Armengol, por su reflexión profunda, inteligente y honesta y por tantas cosas esenciales... Manel tiene un alma con la potencia de una supernova. Suya es la idea que ha dado título de este libro. Gracias.

A todos aquellos que en su día me dieron alas, con un especial y afectuoso agradecimiento para Antonia García, Fernando Domínguez, Françoise Tacker-Brun, María Rosa Reverter, Mercè Tarrés y a todo el extraordinario equipo de la Fundació Fac: Angel, Griselda, Miren, Carmen, Montse, Anna, Josep Maria y el conjunto de excelentes profesionales de la sanación que lo integran.

A Josep López, por su excelente labor de acompañamiento en la creación de este libro. Sus inteligentes y brillantes consejos y aportaciones fueron un foco de luz al manuscrito original.

A mis agentes literarios, Isabel y Maru. Soy afortunado de haberos encontrado en este camino, de contar con vuestra amistad y con vuestro talento excepcional.

A mi hermano Gabriel, a su mujer e hijos, Teresa, Gabi y Gerard. A mi hermana Ana, a su marido e hijos, Xavier, Carla y Xavier. Gracias por todos estos años de amor y buenos recuerdos.

A Emilio Mayo Subirats, compañero y amigo, cuyo rigor, capacidad de síntesis y sentido común me ayudaron a concentrarme en lo esencial de este libro.

A mis compañeros de Salvetti & Llombart, mi «dream team»: Natalia, Ingrid, Borja, Nuria, Patri, Ricard, Marta, Marina y a todo el resto de compañeros. Os agradezco muchísimo vuestra compañía y amistad.

A mis amigos especiales, aquellos que en parte o del todo vieron el manuscrito original y me dieron su sincera y valiosa opinión: Montse Serret, Juan Carlos Tous, Ángel Puig, Alfredo Caputo, Carlos Nessi, Claudio Casas, Pep Domènech, Víctor Barajas, Delfí Urgeles, Juan Luis Miravet, Josep Hernández e Ignasi Rafel.

A Miquel Martí y Juan Nuez, por su decidida labor de recuperación y difusión de la inspiradora, necesaria y valiosísima obra de Antonio Blay Fontcuberta.

A los participantes de los diferentes seminarios que he impartido y de los que tanto he recibido, sea en Esade o en otros foros. Muchas gracias.

A Valentín, Alex, Nico y Landro por alimentarme el cuerpo y, consecuentemente, el alma casi cada día.

Y, finalmente y no por ello menos importante, a Rufli, mi perro, un encantador golden retriever que me saca a pasear cada mañana y cada noche invitándome a contactar conmigo mismo y a reflexionar. Sin estos paseos, muchas de las ideas que aparecen en este libro no hubiesen visto la luz.

A todos, gracias por las alas.

Si queréis contactar conmigo podéis hacerlo a la siguiente dirección de correo electrónico:

carta@alexrovira.com

También os invito a visitar mis stios web:

www.alexrovira.com
www.labrujulainterior.com

También de Álex Rovira Celma
y en Empresa Activa «La Buena Suerte»

Un libro inspirador y extraordinariamente positivo.
Una fábula que desvela las claves de la Buena Suerte
y de la prosperidad tanto en la vida como en los negocios.

Un best seller que está en más de veinticinco idiomas
y en más de setenta países.

www.labuenasuerte.com
www.labuenasuerte.net

Otras direcciones web de Álex Rovira:
www.alexrovira.com
www.labrujulainterior.com